ROSI & RENI KIEFFER
Christian Wunderlich

W0040766

Buch

Christian Wunderlich spielt nicht nur seit Jahren mit großem Erfolg in der Daily Soap »Verbotene Liebe«, sondern mischt auch seit einigen Monaten ganz kräftig oben in den Charts der Popmusik mit. Der Öffentlichkeit bisher weitgehend verborgen blieb, daß der Schauspieler und Sänger auch ein begnadeter Gedichteschreiber ist, dessen Werke tief ins Herz treffen.
Christian Wunderlich ist ein echtes Multitalent, und deshalb war es an der Zeit, über diesen außergewöhnlichen Künstler dieses Buch zu schreiben.

Autorinnen

Seit der Veröffentlichung ihres ersten gemeinsamen Buches *Take That ... and Nobody Else* Ende 1995 ist das unzertrennliche Mutter-Tochter-Autorenduo fester Bestandteil der Musikszene. Nicht nur bei den Künstlern, deren Auftritte die Kieffers persönlich begleiten, ist das ungewöhnliche Paar beliebt, sondern auch bei den Fans und den Medien. Keine Zeitung, keine Zeitschrift, die nicht über die beiden Autorinnen und ihre ungewöhnlichen Aktionen berichtet hätte. Bei vielen Talkshows waren und sind Rosi und Reni gern gesehene Gäste.

Rosi Kieffer, ehemalige Journalistin und Radiomoderatorin, hat bisher über 150 Jugendromane, mehr als 50 Frauenromane, Krimis und einen Reiseführer veröffentlicht.

Reni Kieffer, die beim Erscheinen des ersten Buches Deutschlands jüngste Autorin war, hat bisher gemeinsam mit ihrer Mutter Rosi zwölf Bücher über Take That, Backstreet Boys, Caught in the Act, Boyzone, 'N Sync, Gute Zeiten und give 1's veröffentlicht.

Als Pop-Biographien sind im Goldmann Verlag erschienen:

Backstreet Boys (43727) von Pauline Gellert
Bon Jovi (42851) von Alex Gernandt
Boyzone (43725) von Rob McGibbon
Caught in the Act (43627) von Michael Fuchs-Gamböck
Die Kelly Family (43260) von Peter Wendling
Gil (44294) von Michael Fuchs-Gamböck und Falko Blask
Hanson (44044) von Adrian Brüder
New Kids on the Block (41121) von Rob McGibbon
No Mercy (44050) von Michael Fuchs-Gamböck und Falko Blask
'N Sync (44062) von Peter Wagner
Oasis (43630) von Christian Seidl
Spice Girls (43924) von Rob McGibbon
Take That (42784) von Rob McGibbon
Tic Tac Toe (43922) von Adrian Brüder

Rosi & Reni Kieffer

CHRISTIAN WUNDERLICH

Multitalent auf Erfolgskurs

Das offizielle Fanbuch

GOLDMANN

Originalausgabe

Bildnachweis:
Cover, Rückenumschlag und Bildstrecken: Reni Kieffer
alle © Reni Kieffer, außer:
Seite 40, 45, 48: © Photo: ARD/Frank Dicks
Seite 42: © Wunderlich privat
Seite 58, 59: © Michael Reisch
Seite 89, 90, 91, 92, 99, 100, 102, 103, 106, 108: © Jens Rodenberg

Umwelthinweis:
Alle bedruckten Materialien dieses Taschenbuches
sind chlorfrei und umweltschonend.

Originalausgabe Februar 1999
Copyright © 1999 by Wilhelm Goldmann Verlag, München,
in der Verlagsgruppe Bertelsmann GmbH
Umschlaggestaltung: Design Team München
Umschlagfoto: Reni Kieffer
Druck: Presse-Druck Augsburg
Verlagsnummer: 44452
Redaktion: Ingola Lammers
DTP/Layout: Martin Strohkendl
Herstellung: Sebastian Strohmaier
Made in Germany
ISBN 3-442-44452-7

1 3 5 7 9 10 8 6 4 2

Inhalt

Vorwort

Ein Buch über meine Person?! Ich hätte mir nie träumen lassen, daß ich davon je begeistert sein sollte. Aber spätestens nach meinem ersten Gespräch mit den beiden Autorinnen Rosi und Reni Kieffer (Kieffer, nicht Kiffer!), war ich von dem Projekt überzeugt. Die beiden wollten nicht nur den Strahlemann präsentieren, sondern Christian Wunderlich, so, wie er nun mal ist. Aber schließlich war ich nicht nur von ihrer Idee, ein Fanbuch zu machen, begeistert, sondern auch von den Damen selbst. Ich glaube, wäre ich auch eine Frau, könnte man uns die »drei Damen vom Grill« nennen. Wir haben uns so viel erzählt, so viel gelacht, es war einfach eine tolle Zeit, in der wir an diesem Buch gearbeitet haben. Total fasziniert hat mich die Begeisterung und der Enthusiasmus, mit dem Rosi und Reni an die ganze Sache herangegangen sind. Ich fühle mich natürlich auch geehrt, schließlich ist dies ihr erstes und einziges Buch über einen Solokünstler bzw. Schauspieler. Und ich freue mich, Euch, meinen Fans, ein Buch präsentieren zu können, das ehrlich und ungeschminkt einen kleinen Eindruck davon gibt, wie es momentan in meinem Leben so zugeht. Manche Dinge sind sehr persönlich, z.B. habe ich zum ersten Mal ein paar Gedichte und Texte von mir zur Veröffentlichung herausgegeben, obwohl ich diese sonst immer verschlossen und für mich behalte. Mit diesem Buch möchte ich Euch, meinen Fans, danken, daß ihr mir sowohl als Schauspieler als auch im musikalischen Bereich so sehr die Treue haltet. Es wird bestimmt nicht das letzte Projekt sein, das ich mit den Kieffer-Frauen auf die Beine stelle. Ich habe noch viel vor!!!

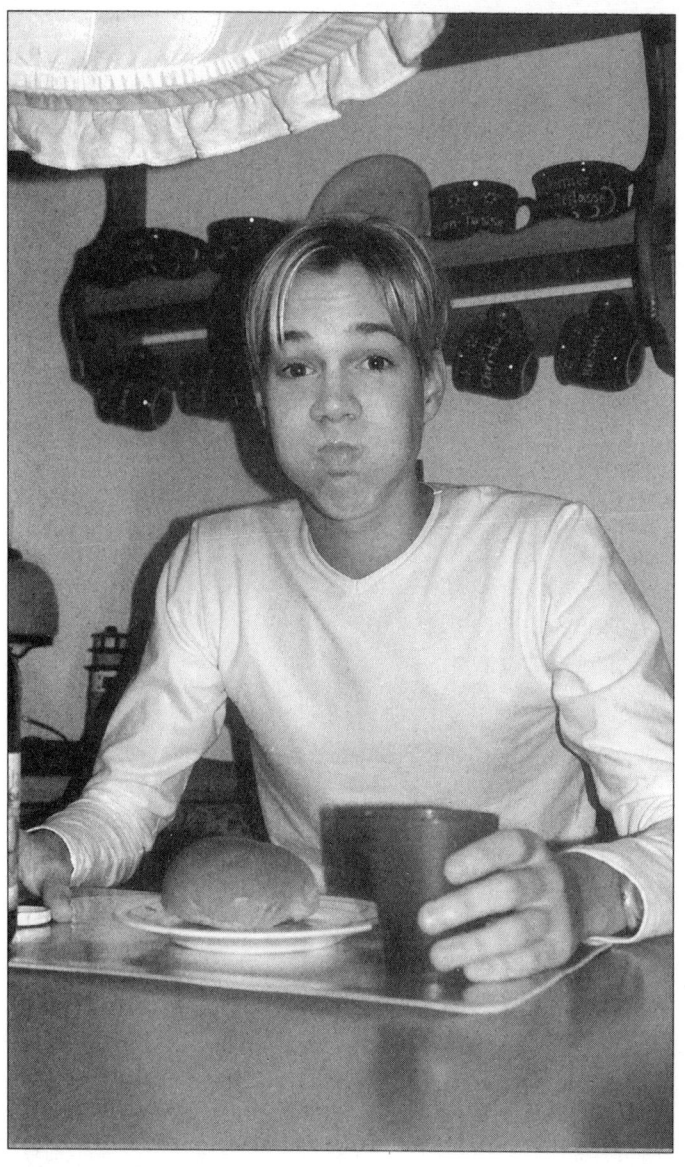

Nun möchte ich Euch aber nicht noch länger davon abhalten, dieses »große Machwerk«, welches mit Sicherheit »Literatur-Geschichte« schreiben wird, zu durchforsten. Also, viel Spaß — und vergeßt nicht:

That's not my way to say goodbye,
that's my way to say thank you!

Euer

Christian Wunder

Wie es mit Christian Wunderlich und uns begann ...

Drei Jahre ist es her, daß wir als Mutter-Tochter-Autorenteam damit begannen, Fanbücher über sogenannte In-Popgruppen zu schreiben. Auf insgesamt zwölf Bücher haben wir es in dieser Zeit gebracht und dabei eine ganze Menge aus dem Pop-Business gelernt. Da wir unsere Bücher grundsätzlich vor Ort recherchieren, bleibt es nicht aus, daß man alle, die auf die eine oder andere Art etwas mit diesem Geschäft zu tun haben, irgendwann einmal kennenlernt. So war es auch mit **Christian Wunderlich.**

Als wir ihn zum ersten Mal trafen, waren wir mit der einzigen deutschsprachigen Boygroup **Gute Zeiten** und ihrem Manager Rüdiger Eck unterwegs. Drei reichlich anstrengende Tage mit mehreren Auftritten, diversen Interviews und Fotosessions der Boys lagen hinter uns, und eigentlich wollten wir uns am späten Abend des 17. 8. 1997 nur noch ein wenig erholen, als plötzlich ein junger Mann zu uns an den Tisch kam, den wir zwar schon mal irgendwo gesehen hatten, im ersten Moment aber nicht so richtig einordnen konnten. Gewöhnt daran, daß man auf Tour von vielen Leuten angesprochen wird, hielten wir ihn anfangs für einen Fan, aber schon bald stellte sich heraus, daß er in einer der vielen Soaps, die in Deutschland immer beliebter werden, mitspielte. Da wir immer sehr, sehr busy sind, haben wir leider nur ganz selten die Gelegenheit, uns vor den Fernseher zu setzen,

11

und so hatten wir *Christian Wunderlich* noch nie in action erlebt, was wir ihn auch wissen ließen, womit wir ihn aber keineswegs schockierten.

Auffallend war, daß *Christian* eine absolut »komische Ader« hatte. Nach kürzester Zeit waren wir alle wieder on the top, die Müdigkeit war verschwunden, und plötzlich wurde nur noch wahnsinnig viel gelacht und geblödelt.

Dieser Junge sollte Komiker werden, dachten wir damals. *Christian* entpuppte sich im Laufe des Abends als »Daumenfanatiker« und wollte unbedingt ein Foto von seinem Daumen haben. Irgendwann erfüllten wir ihm den Wunsch (inzwischen war es schon weit nach Mitternacht geworden) und fotografierten den Daumen.

Niemand von uns konnte ahnen, daß ausgerechnet dieses Foto, das aus purem Übermut geschossen worden war, uns schon bald wieder zusammenführen würde.

Die Zeit verging. Wir waren mehr on the road und im Büro als zu Hause, schrieben und veröffentlichten ein neues Buch und dachten ehrlich gesagt gar nicht mehr an *Christian Wunderlich*.

Dann kam der 6. Februar 1998. Kenner der Musikszene wissen, daß an diesem Tag die **Bravo Super Show** in Dortmund stattfand, bei der wir wieder zu Gast sein durften. Für uns war dieser 6. Februar ein äußerst anstrengender Tag, denn wie üblich trafen wir mit all unseren »Buchkindern« zusammen.

Bei der anschließenden Aftershow Party fielen wir buchstäblich über jemanden. Richtig, dieser Jemand war kein anderer als *Christian Wunderlich*, der sich äußerst interessiert in der Lobby umsah. Wir erkannten uns alle drei gleichzeitig wieder und begrüßten uns ehrlich erfreut, denn inzwischen war ja eine Menge Zeit vergangen. Wir redeten natürlich auch über unsere Pläne, und *Christian* fragte uns, ob wir keine Lust hätten,

auch mal über ihn ein Buch zu schreiben. Allein die Vorstellung, über etwas anderes als über Popgruppen zu schreiben, erheiterte uns zu dieser doch schon sehr vorgerückten Stunde ungemein. Wie schon eingangs erwähnt, ist **Christian** ja ein Komiker, der prompt auf beleidigt machte.

»Wartet ab«, meinte er gespielt böse, »demnächst singe ich, und dann könnt Ihr über mich schreiben.«

Müssen wir betonen, daß wir ihm in dieser Sekunde kein Wort glaubten? Und doch stand da plötzlich etwas im Raum, das man einfach nicht erklären kann. Monate später haben wir noch einmal über dieses Treffen auf der **Bravo** Aftershow Party geredet, und **Christian** versicherte uns, daß er damals schon geahnt hat, daß wir irgend ein Projekt zusammen machen würden.

Doch zurück zu jenem Abend. Wir liefen uns noch mehrmals über den Weg, und da ich, Rosi, neben vielen anderen Büchern schon um die 150 Jugendromane veröffentlicht habe, sah ich **Christian** auf einmal mit ganz anderen Augen. Ich weiß noch gut, wie Reni mich plötzlich anstieß.

»Was brütest du wieder aus?« wollte sie wissen.

»Wenn ich **Christian** so ansehe, fällt mir auf Anhieb eine neue TV Serie für ihn ein«, erwiderte ich zögernd. »Oder sogar noch mehr als das. Du, ich hätte da tatsächlich ein paar Ideen für ihn«, überlegte ich laut weiter, wurde dann aber durch **Eloy** von **Caught in the act** abgelenkt.

Etwa eine Stunde später stießen wir erneut auf **Christian,** und er erkundigte sich plötzlich nach Rüdiger und auch nach dem »Daumenfoto«, das wir vor Monaten gemacht hatten. Wir versprachen, ihm das Foto zu schicken, und ließen ihn seine Anschrift aufschreiben, denn schließlich sind wir dafür bekannt, daß wir Versprechen grundsätzlich auch halten.

Als wir uns irgendwann gegen zwei oder drei Uhr nachts voneinander verabschiedeten, ahnte immer noch keiner von uns dreien, daß wir schon sehr bald sehr viel miteinander zu tun bekommen würden.

Am nächsten Tag war für uns Frauen erst einmal Bürotime angesagt, und prompt fiel uns *Christians* Adresse in die Finger. Wir suchten das Foto heraus, stiefelten los, ließen seinen »geliebten« Daumen vergrößern, tüteten das Foto ein und schickten es mit einem kurzen Brief an seine Adresse.

Komischerweise kamen wir in den nächsten Tagen immer wieder mal auf *Christian* zu sprechen. Natürlich stand außer Zweifel, daß wir ein ähnliches Buch über ihn schreiben würden wie unsere bisherigen, dafür nahm die Idee zu einer neuen TV Serie immer deutlichere Formen an. Da man Ideen bekanntlich sofort in die Tat umsetzen sollte, schrieben wir für *Christian* ein Exposé und schickten es ebenfalls an die von ihm angegebene Adresse.

Statt *Christian* meldete sich wenig später jemand von der **GRUNDY UFA** bei uns, von dem wir eine Menge Informationen erhielten. Bisher hatten wir **Christian Wunderlich** als äußerst lustigen jungen Mann kennengelernt und wußten nicht viel mehr über ihn, als daß er eine Rolle in **Verbotene Liebe** spielt. Der **Grundy UFA**-Mann versorgte uns aber nicht nur mit Infos über die Serie, sondern schickte uns auch ein paar Gedichte, die *Christian* verfaßt hatte, und die gaben schließlich den Ausschlag.

Als »alte Schreiberlinge« merken wir auf Anhieb, ob jemand Talent zum Schreiben hat oder nicht. *Christians* Gedichte waren – untertrieben gesagt – einfach umwerfend, sehr gefühlvoll, sehr anrührend. Vor allem verrieten sie uns eine ganze Menge über ihn selbst. Wir kannten ihn bisher ja nur als lustigen Boy, doch auf einmal kam er uns keineswegs mehr lustig vor. Die Gedichte zeugten davon, daß dieser junge Mann sich verdammt viele Gedanken gemacht hatte, nicht nur über die Zukunft, sondern auch über das Leben und den Tod.

Von diesem Augenblick stand für uns felsenfest, daß wir uns ein wenig mehr mit *Christian* beschäftigen wollten, aber leider kam es aus zeitlichen Gründen wieder einmal anders als gedacht.

Da wir zu diesem Zeitpunkt für gleich drei neue Bücher recherchierten, waren wir nur wenig zu Hause oder in unserem Büro anzutreffen.

Als **Caught in the Act**, die Gruppe, über die wir sage und schreibe drei Bücher veröffentlicht haben, sich am 3. August 1998 trennten, hatten wir wieder einmal alle Hände voll mit den verzweifelten Fans, aber auch mit den Medien zu tun. Und nur so läßt sich erklären, daß die Veröffentlichung von *Christians* Debutsingle *That's my way to say goodbye* sozusagen an uns »vorbeiging«. Hinzu kam, daß wir in Absprache mit Rüdiger nur wenige Wochen vorher gerade selbst ein Experiment gestartet hatten, das uns und unsere Zeit ziemlich beanspruchte. Bisher hatten wir nur über bereits etablierte Gruppen geschrieben, aber diesmal wollten wir uns einmal mit einer brandneuen, gerade erst entstandenen Boygroup befassen. **give 1's** heißen die Jungs und kommen aus der Schweiz. Und da ihr Manager Rüdiger Eck unser allerbester Freund ist, fiel es uns natürlich noch leichter, dieses Buch-Experiment in Angriff zu nehmen.

Wir verbrachten gerade ein paar Tage mit **give 1's** und Rüdiger in Mannheim, als am 14. 8. 1998 gegen 23.00 Uhr das Telefon klingelte. Da Rüdiger gerade nicht anwesend war, nahm ich den Hörer ab. Und wer klebte am anderen Ende der Leitung? Richtig geraten, *Christian Wunderlich*, der einfach mal so Hallo zu Rüdiger sagen wollte.

Nie vergesse ich meine besonders »herzliche« Begrüßung, weil mir ausgerechnet in diesem Moment das berühmt-berüchtigte »Daumenfoto« einfiel, für das **Christian** sich nicht einmal bedankt hatte.

»He, du Dämel, weißt du eigentlich, wen du gerade an der Strippe hast?« fragte ich.

»Rosi? Himmel, was zur Hölle machst denn du da? Ich wollte Rüdiger sprechen.« Und plötzlich redete **Christian** ohne Punkt und Komma, erzählte von seiner CD, die gerade erschienen war, vom Dreh in Griechenland für **Verbotene Liebe**, vom Videoclip für seine Debutsingle in New York, kurz, er quatschte mir die Ohren voll und vergaß ganz den Grund des Anrufes bei Rüdiger.

Zum Schluß kam dann noch heraus, daß er niemals unseren Brief mit dem Foto erhalten hatte, was uns alle beide doch ziemlich ärgerte. Am Ende des Telefonats versprach **Christian** hoch und heilig, sich am 18. 8. (an diesem Tag sollten wir wieder zu Hause sein) bei uns zu melden.

Doch vorher sollte es schon ein Wiedersehen mit **Christian** geben, wenn auch auf eine ganz andere Art.

In jenen Tagen in Mannheim litten wir alle unter permanentem Schlafentzug. Irgendwann einmal am frühen Abend zogen wir zwei Frauen uns für ein paar Stunden in unser Hotelzimmer zurück, um ein klein wenig Ruhe zu bekommen. Wie üblich, wenn wir unterwegs sind, schalteten wir den Fernseher ein. An diesem Wochenende fand in Köln die **POPKOMM** statt, ein Ereignis, das wir uns normalerweise nicht entgehen lassen, auf das wir diesmal aber wegen Rüdiger und den diversen Auftritten von **give 1' s** verzichtet hatten. Als **Kena Amoa**, der die Show moderierte, **Christian Wunderlich** ansagte, waren wir beide sofort ganz Ohr, denn bisher hatten wir seinen Debutsong ja noch nicht gehört. **Christian** kam auf die Bühne und wurde von den über 10 000 Zuschauern mit frenetischem Applaus begrüßt.

That's my way to say goodbye ist ein Song, der wohl einfach jedem unter die Haut gehen muß. Dazu noch die

Art, wie *Christian* ihn vorträgt ... Wow! Am Ende schauten wir zwei Frauen uns nur angenehm überrascht an, denn ehrlich gesagt, das hatten wir nicht erwartet. Nichts gegen singende Schauspieler, aber das, was wir da gerade gehört hatten, war im wahrsten Sinne des Wortes Musik in unseren Ohren.

»And that's our way to say hello«, kommentierte Reni trocken und deutete mit dem Kopf auf eines unserer Bücher. »Der Junge ist verdammt gut.«

»Ist er. Und jetzt will ich wissen, wer diesen Supersong komponiert und getextet hat«, überlegte ich laut. Und plötzlich konnten wir es kaum noch erwarten, *Christian* zu treffen.

Der 18. August kam. Wir waren nach einem reichlich anstrengenden Tag, der mit Interviews vollgepackt gewesen war, mehr tot als lebendig, als abends das Telefon schrillte und mir jemand »Du bist die Rosi, die Rosi vom

Wörthersee« vorsang. Verschwunden waren Müdigkeit und miese Laune. Als *Christian* und ich uns nach einem Endlostelefonat voneinander verabschiedeten, waren wir für den nächsten Tag in Köln miteinander verabredet.

Was bei diesem und bei den vielen nachfolgenden Treffs herausgekommen ist, haltet Ihr, *Christians* Fans und unsere Leser, heute in den Händen.

Ein Buch
wird geplant

Als wir uns mit *Christian* am 19. August 1998 in Köln trafen, lag hinter uns eine arbeitsreiche Nacht, in der wir das geplante Buch bis ins kleinste Detail entworfen hatten. Uns war klar, daß *Christian* ganz gewaltig »aus der Reihe tanzen würde«, denn schließlich war er keine Boygroup wie unsere bisherigen Buchkinder. Nachdem wir die uns bereits vorliegenden Informationen über ihn genau gecheckt hatten, kamen wir zu dem Schluß, daß es sich bei *Christian* schlicht und ergreifend um ein Multitalent handelt, und zwar um eins, das garantiert auf die eine oder andere Art seinen Weg gehen wird, sei es nun als Schauspieler, Sänger oder Dichter. Der Arbeitstitel *Multitalent auf Erfolgskurs* stand schon sehr bald fest, und während wir in die Details zum Exposé gingen, wurde uns erst so recht bewußt, was dieser junge Mann in relativ kurzer Zeit alles geschafft hatte.

Insgeheim auf den unverbesserlichen Witzbold *Christian*, den wir bisher kennengelernt hatten, gefaßt, erwartete uns im Hotel eine neue Überraschung. *Christian* wirkte an diesem Tag auf uns ganz anders als vorher, und das lag weiß Gott nicht nur an seiner neuen Haarpracht. Nicht, daß er nicht witzig und schlagfertig gewesen wäre, nein, nein, diese Seite war natürlich auch noch vorhanden, aber da war noch etwas, etwas, das man nur schwer erklären kann. Vor uns saß ein sehr sympathischer junger Mann, sehr professionell und dennoch ungeheuer herzlich, eine Mischung, die uns sofort für ihn

einnahm. An diesem Mittwoch lernten wir ihn aber auch von seiner ernsten Seite kennen und merkten sehr schnell, daß er seinen Beruf mindestens ebenso wichtig nimmt wie wir unseren.

Gleich zu Beginn des Gespräches zeigten wir ihm unsere bisher erschienenen Bücher, die ihm auf Anhieb gefielen. Danach präsentierten wir ihm unser Exposé zu seinem Official Book, und sofort war *Christian* Feuer und Flamme und sicherte uns zu, ganz fest mit uns zusammenzuarbeiten, ein Versprechen, das er bis zum heutigen Tag noch nie gebrochen hat.

Natürlich kamen wir auch auf die von uns geplante neue TV Serie, in der er die Hauptrolle spielte, zu sprechen. *Christian* war davon ebenso angetan wie wir, aber da man immer schön der Reihe nach vorgehen sollte, vertagten wir die Serie vorläufig, um dieses, sein erstes Official Book in Angriff zu nehmen.

Uns war wichtig, *Christian* in diesem Buch in der bereits erwähnten »Dreierkombination« als Schauspieler, Sänger und Dichter zu zeigen, und so blieb es nicht aus, daß wir natürlich auf die Gedichte, die man uns zugeschickt hatte, zu sprechen kamen. Wir machten keinen Hehl daraus, wie sehr sie uns gefallen hatten, und *Christian* war sichtlich erfreut darüber und verriet uns, daß es davon noch eine Menge mehr gibt.

Am liebsten hätten wir uns alle sofort in die Arbeit gestürzt, aber leider machte uns der Zeitfaktor wieder einmal einen dicken Strich durch diese Rechnung. Nicht nur wir waren bedingt durch die bevorstehende Veröffentlichung unserer drei neuen Bücher bis zum Hals mit Arbeit eingedeckt, sondern auch *Christian*. Kein Wunder, denn schließlich hatte seine Debutsingle eingeschlagen wie eine Bombe. Alle Medien rissen sich förmlich um ihn, und *Christian*, der ja auch einen festen Drehplan bei **GRUNDY UFA** zu absolvieren hat, mußte sich ganz schön abstrampeln, um alle Termine unter einen Hut zu bekommen. Und so mußten wir uns vorläufig auf Telefonate beschränken, um die wichtigsten Fakten zu klären und zu besprechen.

Trotz aller Arbeit waren diese Telefongespräche für uns immer ein ganz spezieller Genuß. Niemals werde ich den Abend vergessen, an dem *Christian* zur Begrüßung ein Duett mit sich selbst sang. Diesem Menschen gelang und gelingt es immer noch, jeglichen Streß und Ärger mit einem einzigen Lied vergessen zu lassen.

Keiner von uns kann mehr zählen, wie oft wir uns verabredet haben und wie oft wir diese vereinbarten Termine dann doch in letzter Minute wieder verschieben mußten. Mal mußte *Christian* zu einem Auftritt, mal wir zu einem Interview.

Am 8. September 1998 haben wir es dann aber doch geschafft und uns mit *Christian* in der Kantine der **GRUNDY UFA** in Bocklemünd getroffen. Da *Christian* noch drehte, hatten wir zuerst das Vergnügen, ihn dabei zu beobachten. Irgendwie war es schon ein komisches Gefühl, ihn in der Rolle des *Frank Levinsky* zu sehen. Wir ertappten uns dabei, daß wir für eine Weile sogar den Grund unseres Kommens vergaßen. Aber dann waren die Dreharbeiten beendet, und *Christian* kam noch in Maske und Bühnenklamotten zu uns in die Kantine und begrüßte uns überschwenglich. Da zu einem guten Buch auch eine Menge Fotos gehören, legten wir einen Termin für eine ausgedehnte Fotosession fest. Natürlich stellte sich prompt wieder unser Zeitproblem ein. *Christian* wurde mehr denn je von den Medien umlagert, und wir waren zusätzlich zu den drei neuen Büchern gerade dabei, unser **give 1's** Posterbook zu realisieren, etwas, das sich als aufwendiger erwies als geplant, denn diese Boys tourten hauptsächlich in der Schweiz und im Süden Deutschlands.

Manchmal kamen wir alle ganz schön ins Rotieren, aber nach endlosen Telefonaten und dem Motto: Wo ein Wille ist, ist auch ein Weg, hatten wir es dann doch geschafft und trafen uns am 18. September 1998 mit *Christian* bei uns in Aachen und zu Hause. Gleich das allererste Foto wurde später einstimmig zum Rückumschlagsfoto erklärt. Bei dieser Fotosession klappte alles wie am Schnürchen, und am Ende konnten wir *Christian* nur bestätigen, daß er ein absoluter Vollprofi ist. Fotos mit ihm zu machen ist eine wahre Freude, und am liebsten hätten wir nicht nur dieses Buch, sondern einen ganzen Bildband über ihn veröffentlicht.

Am 20. September trafen wir uns dann schon wieder, und abermals in Aachen, denn dort trat *Christian* beim Stadtfest auf der **VIVA**-Bühne auf.

Obwohl wir unsere Heimatstadt wirklich sehr lieben, sehen wir Auftritten dieser Art stets mit gemischten Gefühlen entgegen, weil für uns hier nur selten etwas reibungslos abläuft. Wieso das so ist? Keine Ahnung. Tatsache ist, daß wir nur bei der Recherche zu unserem `N Sync Buch relativ problemlos in Aachen arbeiten konnten, und dafür sind wir heute noch dankbar. Und nun sollte also unser neues Buchkind, nämlich *Christian Wunderlich,* in unserer Heimatstadt auftreten.

Als wir gegen 18.00 Uhr auf dem Katschhof in Aachen ankamen, wurden wir sehr freundlich von **VIVA** empfangen. *Christian*, sein Manager Jens Rodenberg, Maja und Nina von **Chlodwig Musik**, die wir an diesem Tag zum ersten Mal persönlich kennenlernten, trafen kurz nach uns ein. **VIVA** versorgte uns mit Backstagepässen, damit wir uns ungehindert bewegen konnten.

Gegen 19.30 Uhr ging *Christian* auf die Bühne. Schon vorher hatten wir abgeklärt, daß Reni Fotos im Fotograben machen würde, und das klappte sogar. Dafür wurde ich gleich mehrmals von einem Security Mann angepöbelt,

der sich schrecklich wichtig vorkam. Vielleicht hätte ich an diesem Tag sogar Komplexe entwickelt, wäre es **Shirin** und **Cyrus** von **Noble Savages** nicht ähnlich ergangen. Das Geschwisterpaar und ich konnten nur staunen, wie sehr sich ein Möchtegern aufspielen kann. Schade war nur, daß ich durch diesen überflüssigen Disput die Hälfte von *Christians* Song *Looking for you* verpaßt habe.

Gleich nach *Christians* Auftritt fand ein Interview mit **VIVA** im Innenhof der Stadtverwaltung statt, und dort bekam Maja zu spüren, wie borniert manche Ordner sein können. Maja, die noch etwas zu erledigen hatte, wollte natürlich beim Interview dabei sein, aber dann mußte sie diesem dämlichen Ordner erst einmal klarmachen, daß im Innenhof tatsächlich ihr Künstler interviewt wurde.

Doch noch einmal zurück zu *Christians* Auftritt. Der war nämlich wirklich ein echter Ohrenschmaus und Genuß an diesem Tag, und das nicht nur für uns, sondern auch für die vielen Fans, die ihn mit frenetischem Applaus feierten. Für uns war es überdies noch eine Premiere, denn schließlich hatten wir *Christian* noch nie live auf einer Bühne erlebt.

Trotz der Arbeit an unseren anderen Büchern blieben wir in ständigem Kontakt mit *Christian* und sammelten an Infos, was wir ergattern konnten. Und hier sei einmal ganz ausdrücklich zu bemerken, das *Christian* ein absoluter Schatz ist. Auch wenn wir alle unter immensem Zeitdruck standen, sorgte er stets dafür, daß wir – was ihn betraf – ständig auf dem laufenden blieben. Und dieses Lob möchten wir an dieser Stelle auch auf das **Verbotene Liebe**-Team und auf all die lieben Menschen von *Chlodwig Musik* ausdehnen. Leute, Ihr seid alle megatoll und habt uns ganz lieb unterstützt!

Unser nächstes Treffen mit *Christian Wunderlich* mußte aus den jetzt schon des öfteren genannten Zeitgründen beiderseits dann auch wieder mehrmals vertagt werden, aber dennoch erfuhren wir ständig per Handy und Telefon von **Christians** weiteren Aktivitäten, und die waren weiß Gott nicht zu verachten. Gleich zweimal trat er in Berlin bei **Top of the Pops** auf und wurde entsprechend gefeiert. Beim ersten Auftritt überraschte er uns mit einem höchst gekonnten Livegesang, beim zweiten mit seiner Live Band.

Am 9. Oktober 1998 trafen wir uns alle endlich wieder einmal in Köln, um die letzten Fotos und Interviews für das vorliegende Buch zu machen. Das Thema lautete: Ein ganz normaler Tag mit **Christian Wunderlich**. Hach! Haben wir tatsächlich einmal geglaubt, wir drei würden einen normalen Tag erleben???

Am Vortag hatten wir per Telefon schon einige Shots abgesprochen und **Christian** geistig und seelisch darauf vorbereitet, daß wir ihn für die Story im Bett überraschen würden. Uns schwebte ein total verschlafener, verstrubbelter **Christian** vor, der sich müde die Augen rieb. Danach wollten wir Fotos im Bad und beim Frühstück machen. Für den Nachmittag hatten wir einen Besuch im **GRUNDY UFA** Studio, bei **VIVA** und im Kino geplant.

Der Plan war durchaus okay, leider kam einiges dazwischen. Während wir noch auf der Autobahn düsten, war **Christian** schon von mehreren Anrufen geweckt worden. Statt müde und verschlafen aus der Wäsche zu gucken, empfing er uns putzmunter, aber mit nassem Haar an der Wohnungstür.

Ein Blick genügte, und wir entschlossen uns, die Badezimmerfotos zuerst zu machen. **Christian** trabte auch brav hin, Reni mit gezückter Kamera pflichtschuldig hinterher, aber da klingelte wieder das Telefon. Zwangspause! Während **Christian** telefonierte, nahmen wir sein Zimmer in Augenschein. Die Bettdecke mit den vielen CDs und Plüschtieren gefiel uns, sein Schreibtisch auch,

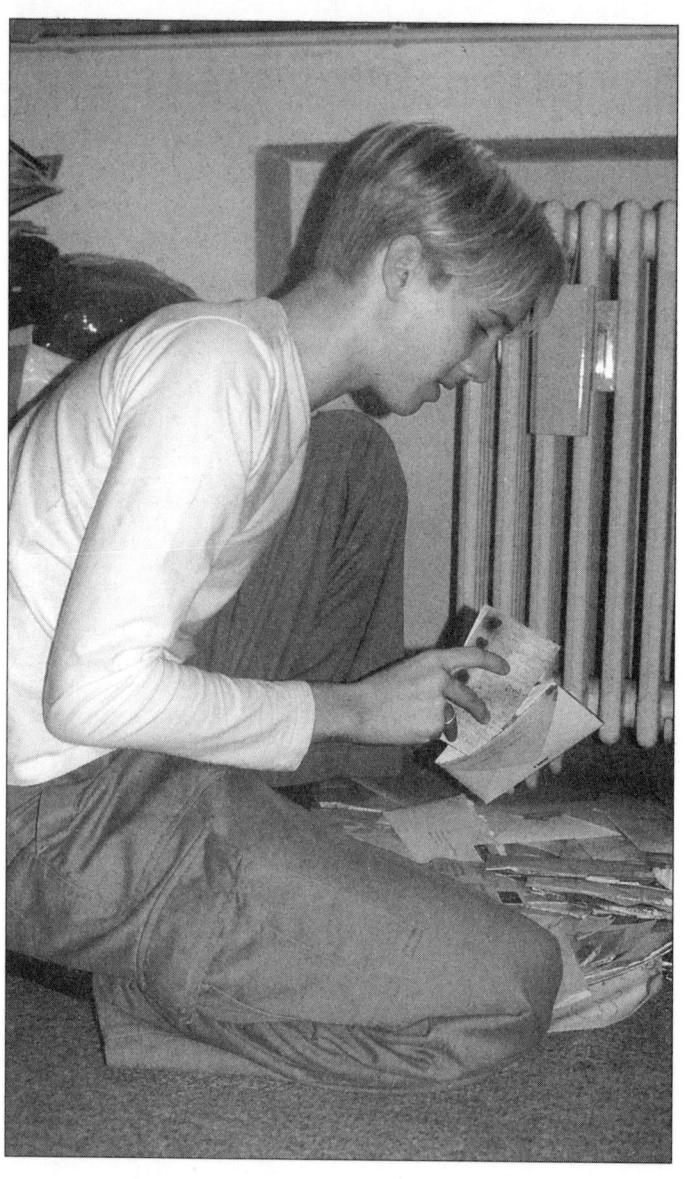

war er doch herrlich unaufgeräumt und vermittelte uns spontan ein heimatliches Gefühl. Auf dem Fensterbrett entdeckten wir neben weiteren Plüschtieren eine Menge Fanpost.

»Darüber könnten wir auch gleich mehrere Bücher schreiben«, sagte ich über die Schulter hinweg zu **Christian**, als er sich zu uns gesellte. »Wir haben wieder ein paar Tage und Nächte am Computer gesessen, um unsere Post zu beantworten.« Und das war das Stichwort. **Christian** kniete sich hin und zeigte uns ein paar seiner Briefe und die vielen Geschenke, die er bekommen hatte. Vergessen waren die Fotos, zumindest vorläufig, und als wir uns wieder auf den Grund unseres Kommens besannen, waren **Christians** Haare bereits trocken.

Während sich der arme Mensch erneut die Haare wusch, erschien seine Mutter Renate mit Kaffee. Logisch, daß wir diesem verlockenden Angebot weder widerstehen konnten noch wollten. Hinzu kam, daß Frau

Wunderlich eine äußerst liebenswerte Dame ist, mit der wir sehr gern plauderten. Erst *Christians* mahnendes »Mädels, meine Haare sind gleich wieder trocken« erinnerte uns daran, daß wir eigentlich einen Job zu erledigen hatten und uns die Zeit so langsam knapp und knapper wurde.

Im nächsten Anlauf schafften wir es, die meisten der benötigten Fotos zu machen. Danach hieß es Breakfasttime! Wir bevölkerten also *Christians* Küche, die mit all den Models an der Wand wieder heimatliche Gefühle in uns erweckte, was wir Mutter und Sohn natürlich nicht verheimlichten.

»Shit«, kam es plötzlich von *Christian*, während er sein gewohnt niedliches Grinsen zeigte. »Kann ich auch in ein noch gefrorenes Brötchen beißen?«

»Meinetwegen, aber beiß dir bloß nicht die Zähne aus«, warnte Reni. Und dann ging es los. Eigenhändig deckte *Christian* den Tisch, zauberte Orangensaft und besagtes (steinhartes) Brötchen hervor und setzte sich hin.

Insgeheim war ich schon darauf gefaßt, daß er, wenn auch aus Versehen, zubeißen würde, aber *Christian* überstand auch diese Fotos unbeschadet, dafür klingelte wieder einmal das Telefon. Und weil das so schön war, begann unser Handy aus lauter Sympathie auch noch zu bimmeln, und so ging wieder kostbare Zeit verloren.

Danach verließen wir das gastliche, wenn auch etwas unruhige Haus, fuhren gemeinsam raus zur **GRUNDY UFA** und lernten dort die nicht nur äußerst kooperative, sondern auch sehr liebenswerte Tina van den Berg vom **Verbotene Liebe**-Pressebüro kennen, die wir sofort ins Herz schlossen. Immer wieder ist es schön, wenn man Menschen trifft, mit denen man schon nach wenigen Worten auf gleicher Wellenlänge ist. Bei Tina war es so. Sehr lange konnten wir uns aber leider nicht mehr aufhalten, weil es draußen immer dunkler wurde und wir ja

noch weitere Stationen für *Christians* »normalen« Tag eingeplant hatten.

Wieder rein ins Auto und zurück nach Kölncity. Als wir im Mediapark aus der Tiefgarage kamen, schwanden unsere Hoffnungen auf eine ungestörte Fotosession abrupt. Vor dem Eingang zu **VIVA** standen massenhaft Fans. Logisch, daß sie **Christian**, der bei **VIVA** inzwischen wegen seiner vielen Auftritte dort bereits zum »alten Bekannten« geworden war, sofort erkannten. Unsere Stammleser wissen, daß wir in unseren Büchern nach Möglichkeit nur Fotos verwenden, die noch keiner gesehen hat. Diese Mädels dort waren alle bis zu den Zähnen mit Fotoapparaten bewaffnet und wollten sie auch zum Einsatz bringen. Also ergriffen wir nach einem kurzen Blick erst einmal die Flucht in Richtung Cinedom. Einige Girls folgten uns auch dorthin. So schnell hat Reni noch nie Fotos gemacht, kann ich nur sagen. Zum Glück waren die Mädels aber einsichtig, so daß wir am Schluß doch noch ein paar Bilder mit *Christian* vor **VIVA** machen konnten.

Als wir uns an diesem Tag voneinander verabschiedeten, waren wir sicher, schon einen Großteil unserer Recherchen bewältigt zu haben. Da wir zu diesem Zeitpunkt aber unser Posterbook für **give 1's** fertigstellen mußten, hieß es, uns noch ein wenig in Geduld zu fassen, ehe wir *Christians* Buch endlich schreiben konnten. Trost war, daß *Christian* gemeinsam mit seinem Manager Jens und Walter Pütz von **Chlodwig Musik** am 31.10.1998 noch nach Los Angeles zum Videodreh für den zweiten Song *In heaven* fliegen mußte. Und über diesen Dreh wollten wir Euch natürlich auch noch unbedingt berichten.

Gleich nach seiner Rückkehr trafen wir uns mit *Christian* wieder bei ihm zu Hause in Köln. Dieser Tag wird für uns alle unvergeßlich bleiben, denn *Christian* zog alle Register seines Könnens, redete wie ein Wasserfall,

blödelte, was das Zeug hielt, und schaffte es, daß wir am Ende vor lauter Lachen Bauchschmerzen hatten.

Unvergeßlich wird dieser Tag aber auch aus einem anderen Grund bleiben, denn wir hörten zum ersten Mal den neuen Song. *In heaven* ist eine der schönsten, gefühlvollsten Balladen überhaupt, die ganz, ganz tief unter die Haut geht. *Christians* traumhafte Stimme, dazu der Gospelchor … einfach unbeschreiblich schön! Danach spielte *Christian* uns die Live-Version vor, nur er und Jürgen Fritz am Piano. Wir Frauen haben kräftig geschluckt, und hätten wir *Christian* angesehen, wir hätten wahrscheinlich wirklich geheult. Das war nicht einfach nur Gesang, sondern … Himmel, wie kann man das beschreiben? Auch wenn man *Christian* bloß hört, sieht man ihn plötzlich ganz deutlich vor sich. Wenn es einen Preis für Songs gäbe, die Gänsehaut verursachen, *In Heaven* würde ihn bekommen! Nachdem der letzte Ton verklungen war, schauten wir uns alle drei bloß an. Worte waren in diesem Moment nicht nötig, denn jeder wußte vom anderen, was er empfand. Und plötzlich war da eine neue Idee. Ein Blick in *Christians* Augen genügte.

»Ich denke mal, wir drei werden noch so einige Projekte durchziehen«, überlegte ich laut, und *Christians* Antwort bewies, daß er genau wußte, was wir mit ihm planen.

An diesem Abend sprachen wir noch lange über die Zukunft und stellten fest, daß wir ähnliche Wünsche und Träume haben, die wir gern noch verwirklichen möchten. Aber wir redeten natürlich auch über die Vergangenheit. Genau wie wir glaubt *Christian* nämlich absolut nicht an Zufälle, sondern an das Schicksal.

»Verflixt! Uns fehlen noch deine Thanks im Buch!« warf Reni plötzlich ein. *Christian* schaute uns an und lächelte leicht, und wieder fühlten wir, daß er gerade dasselbe dachte wie wir.

»Keine Sorge, **Chris**, in unseren Thanks ist er eh drin«, versicherte ich ihm.

Christian nickte. »Ohne Rüdiger hätten wir uns womöglich niemals kennengelernt«, pflichtete er uns nachdenklich bei und verriet gleichzeitig, daß er das Wort »er« in meinem Satz richtig interpretiert hatte. »Und daß ich Rüdiger anrufe und dich ans Telefon kriege, kann ja wohl auch kein Zufall gewesen sein, oder?«

In diesem Moment klingelte mein Handy, und mir stockte beinahe das Herz, als ich im Display sah, wer ausgerechnet in diesem Augenblick bei mir anrief, nämlich kein anderer als der Mann, über den wir gerade redeten, Rüdiger Eck.

Christian sprang auf und schnappte sich mein Handy. »Rosi hier«, imitierte er mich. »Was willst du denn, Rüdiger?«

Wir prusteten los, und was dann folgte, war absolut

bühnenreif. Eine gute Viertelstunde redete **Christian** als Rosi auf den armen Rüdiger ein.

Und dann hieß es wieder einmal Abschied nehmen. Für dieses Buch war alles besprochen, die Fotos hat **Christian** eigenhändig aus den Unmengen an Bildern, die Reni in den vergangenen Monaten geschossen hat, ausgesucht, und glaubt uns, er hatte es verdammt schwer!

Gemeinsam mit **Christian** hoffen wir, daß Euch unser Buch gefällt. Laßt es uns wissen, denn eins können wir Euch schon heute versichern: Wir werden **Christian** nicht mehr aus den Augen lassen und seine Karriere auch weiter verfolgen, damit wir Euch vielleicht schon recht bald das zweite offizielle **Christian Wunderlich Buch** präsentieren können.

Name: Christian Wunderlich
Geburtsdatum: 12. Juli 1979
Geburtsort: Köln
Sternzeichen: Krebs
Familie: Mutter Renate, zwei Schwestern,
                  Alexandra und Stefanie
Haarfarbe: goldblond
Augenfarbe: meerblau
Größe: 183 cm

Christian in Stichworten:

Er haßt   – nasse Klamotten
                   – fliegen
                   – Intoleranz
                   – Leute, die zu spät kommen (ist nach
                     eigenen Angaben selbst aber der
                     Prototyp des Zuspätkommens)
                   – Mathe und Physik
Außerdem mag er keine Butter und keinen Kaffee.

Er liebt: – Romantik
                   – Tiere
                   – Gedichte
                   – «Hin und Weg» von Ethan Hawke
                   – Balladen
                   – Pasta
                   – trockene Klamotten
                   – Akte X
                   – und seine Fans

Er sammelt CDs und hört gern Stevie Wonder und
Luther Vandross.

Der Schauspieler
Christian Wunderlich

Als *Christian Wunderlich* am 12.7.1979 als Nesthäkchen der Familie in Köln geboren wurde, muß wohl eine gute Fee anwesend gewesen sein, die diesem Baby gleich mehrere Gaben mit in die Wiege legte.

Umsorgt und behütet von den Eltern Renate und Claus, aber auch von den vier Jahre älteren Zwillingsschwestern Alexandra und Stefanie wurde aus dem Winzling schon bald ein strammer kleiner Bursche, der am liebsten mit der Mama in der Küche stand. Laut eigener Aussage wollte *Christian* als kleiner Junge tatsächlich Koch werden.

Als er den Weg gehen mußte, den jedes Kind einmal zu gehen hat, nämlich den in die Schule, war *Christian* schon sieben Jahre alt. Die Zeit in der Grundschule war für ihn sehr zufriedenstellend, war er doch ein ausgesprochen guter und auch fleißiger Schüler, dessen schlechteste Note »befriedigend« lautete, und das auch nur im Fach Schönschrift. (Hast bis zum heutigen Tag eine Sauklaue, lieber Christian!) Als seine Lieblingsfächer gibt er Sport und Deutsch an.

Lachend und unterstrichen von vielen Gesten, erzählt *Christian*, daß er sich als kleiner Knirps als eine Art Beschützer der Mädels gesehen und sich wenn nötig sogar für seine Klassenkameradinnen geprügelt hat. Ahnte er vielleicht damals schon, daß einige dieser Mädchen später einmal zu seinen Fans werden würden???

41

Bereits zu Grundschulzeiten spielte *Christian* gern den Klassenclown und brachte mit seiner Komik nicht nur die Lehrer, sondern auch seine Klassenkameraden immer wieder zum Lachen.

Als es dann vier Jahre später hieß, er müsse aufs Gymnasium überwechseln, war *Christian* anfangs noch total begeistert, aber diese Euphorie legte sich in dem streng geführten ehemaligen Mädchengymnasium, in dem auch heute noch Nonnen unterrichten, schon sehr bald. Aus dem einst so sanften, immer zu Späßen aufgelegten *Christian* wurde ein kleiner Rebell, der manches Mal aneckte. Aber vielleicht entwickelte sich ja auch gerade dadurch sein ausgeprägtes Selbstvertrauen, das er wenig später so nötig brauchte.

Auf unsere Frage, wie aus einem Nonnenschulenschüler denn ein Jungschauspieler wurde, schaut *Christian* uns einen Moment nachdenklich an, so als traue er sich nicht so recht, das zu sagen, was er wirklich denkt. Aber dann gibt er sich doch einen Ruck.

»Ich glaube nicht an Zufall, sondern an Schicksal«, gibt er zu, nicht ahnend, daß er mit dieser Aussage gerade bei uns offene Türen einrennt.

Irgendwann im Sommer 1994 »schlug« das Schicksal dann auch zu. *Christian* hörte davon, daß **GRUNDY UFA** junge Talente für eine neue **ARD**-Soap suchte, und fühlte sich prompt davon angesprochen. Gemeinsam mit einem Kumpel schrieb er die geforderten Bewerbungsbriefe und schickte sie los. Als nichts geschah, zeigte *Christian* sich hartnäckig und bewarb sich kurzerhand noch ein zweites Mal.

Wieder kam keine Resonanz, aber *Christian* wäre wohl nicht *Christian*, wenn er es nicht weiter probiert hätte. Natürlich waren seine Bewerbungen jedesmal in einem anderen Stil abgefaßt, was aber leider auch nichts daran änderte, daß sie nicht vom Erfolg gekrönt waren, denn auch auf die siebte Bewerbung erhielt *Christian* schlicht und ergreifend keine Antwort.

Aber dann, nur kurze Zeit später, wollte es das Schicksal, daß er im Kölner **Express** an einem Samstag eine kleine Casting-Anzeige für diese neue Serie **Verbotene Liebe** entdeckte. Für *Christian* gab es kein Zögern. Er wußte gleich, diese Chance mußte er einfach wahrnehmen. Und gleich vor Ort den Leuten zu zeigen, was in ihm steckte, gefiel ihm eh besser als das ewige Bewerbungsunterlagen schicken.

Guten Mutes begab er sich am angegebenen Termin zum Casting, wo bereits zwanzig weitere junge Leute mit ähnlichen Hoffnungen warteten. Nach einer Führung über das Gelände wurde *Christian* zum eigentlichen Casting gebracht, und jetzt war die Gruppe der Bewerber sogar schon auf etwa fünfzig angewachsen. Dennoch nichts, was einen jungen Mann, *Christian* war zu diesem Zeitpunkt 15 Jahre, einschüchtern konnte.

Gleich nach dem üblichen Vorstellen vor laufender Kamera (etwas, das *Christian* nicht ganz so gern mag) wurde er gemeinsam mit zwei weiteren Bewerbern in einen kleinen Raum verfrachtet, bekam einen Text in die Hand gedrückt und sollte sich vorbereiten. *Christian* lernte seinen Text sofort auswendig, das war ihm noch nie sonderlich schwer gefallen.

Nur einmal bekam sein Mut einen kleinen Dämpfer verpaßt, nämlich als er bemerkte, daß man Jugendliche im Alter zwischen 16 und 18 Jahren suchte. Nachdem ihm aber die Casting-Leiterin versichert hatte, daß er sich wegen der fehlenden paar Monate bis zum 16. Lebensjahr keine Sorgen zu machen brauchte, legte *Christian* so richtig los und spielte die verlangte Szene.

Auf dem Heimweg war *Christian* noch davon überzeugt, daß man ihn für die ausgeschriebene Rolle nehmen würde, doch als sich nach drei Tagen immer noch

keiner bei ihm gemeldet hatte, nagten erste Zweifel an ihm. Um sich endlich von dieser Ungewißheit zu befreien, rief er am dritten Tag nach dem Casting selbst bei **GRUNDY UFA** an. Dort erwartete ihn eine unangenehme Überraschung. Die Rolle des *Frank Levinsky* war bereits vergeben, aber leider nicht an ihn.

Christian war natürlich nicht nur maßlos enttäuscht, sondern auch tierisch sauer. Zu allem Überfluß hatte er einem seiner Schulkameraden bereits von diesem Casting erzählt, und dieser nette Mensch hatte natürlich nichts Besseres zu tun, als nun über ihn zu lästern.

Genau eine Woche ertrug *Christian* den Spott, aber dann klingelte am Mittwoch gegen 17.00 Uhr das Telefon. Der zu diesem Zeitpunkt noch recht neue Sender *Eins live* wollte gern eine Reportage machen über Leute, die bei Castings abgelehnt worden waren. Kein anderer als **Kena Amoa** war an der Strippe, und *Christian* stimmte dem Interview spontan zu. Man verabredete sich für 18.00 Uhr.

Nur wenige Minuten nach diesem Gespräch mit **Kena** geschah etwas, das unglaubwürdiger gar nicht klingen kann, das man eher in einem Roman vermuten würde als im wirklichen Leben.

Wieder einmal klingelte bei den Wunderlichs das Telefon. Und da *Christian* gerade in der Nähe war, hob er den Hörer ab. Diesmal war das Casting-Team von **Verbotene Liebe** am anderen Ende der Leitung und teilte dem verwunderten *Christian* mit, daß er die Rolle des *Frank Levinsky* nun doch bekommen würde. Er möge bitte mal seine Mutter ans Telefon holen, um die Einzelheiten zu besprechen.

Man braucht keine große Phantasie zu haben, um sich vorzustellen, wie es in diesem Moment um *Christian* stand, wie es in ihm aussah. Da hatte er tagelang gehofft und wohl auch gezittert, hatte erfahren, daß er doch

FRANK LEVINSKY
Christian Wunderlich

nicht genommen werden würde, hatte vor wenigen Minuten einem Interview über diese Niederlage zugestimmt, und nun das!

Mutter Renate reagierte zum Glück so, wie ihr Sohn es erwartet und natürlich auch erhofft hatte, und sagte Ja und Amen zu *Christians* junger Schauspielerkarriere.

Viel Zeit, diesen Hammer zu verarbeiten, blieb *Christian* aber nicht, denn pünktlich wie vereinbart stand **Kena Amoa** gemeinsam mit einem Kollegen vor der Tür, um sein Interview zu machen. **Kenas** erste Frage lautete dann auch: »Wie ist es denn so, wenn man bei einem Casting abgelehnt wird und man die Rolle nicht bekommt?«

Christian: »Weiß ich nicht.«

Noch heute kann sich *Christian* köstlich über diese Szene amüsieren. **Kena** muß reichlich verdutzt ausgesehen haben, reagierte dann aber, nachdem *Christian* ihm

47

von dem Anruf erzählt hatte, rasch und machte eine Dreißig-Minuten-Reportage aus der Story.

Wieder eine Woche später hatte **Christian** schon seinen ersten Drehtag, ein Ereignis, das er wohl auch niemals vergessen wird.

»Seit dem 5. April 1995 bin ich bei **Verbotene Liebe**. Mein erster Drehtag war einfach geil«, schwärmt er beim Interview. »Es war sehr anstrengend, aber das machte nichts. Wir hatten einen 12-Stunden-Außendreh. Das war echt total geil und hat Spaß gemacht. Anfangs war ich in der Rolle ja noch so ein kleines Schwein. Ich hab auf Schrottplätzen rumgemacht, meine Schwester **Sophie**, die **Meike Gottschalk**, wurde entführt, und, und, und. Später wurde ich in der Serie ein Chaot, dann ein Spaßvogel. Und jetzt bin ich halt der Lover, der Mädchentyp.« (**Christian** schneidet Grimassen und grinst vergnügt.) »Zur Zeit leide ich noch tierisch wegen **Ramon**«, fährt er fort. »Er war mein allerbester Freund und ist nun ja leider tot.«

In den Anfangszeiten (nicht vergessen, **Christian** war erst 15 Jahre) durfte er laut Jugendschutzgesetz immer nur zu bestimmten Zeiten arbeiten, dann mußte er wieder für vier Monate pausieren. Danach folgten neue Dreharbeiten, um dann wieder Pause einzulegen usw. Erst seit August 1996 ist **Christian** als einer der Hauptdarsteller bei **Verbotene Liebe** eingestiegen und ständig dabei.

Der Musiker Christian Wunderlich

Schon als ganz kleines Kind hat **Christian** seine Liebe zur Musik entdeckt, wohl die zweite Gabe, die ihm die gute Fee in die Wiege gelegt hat. Am liebsten imitierte er **Herbert Grönemeyer** (Pssst, Mädels, das kann er auch heute noch perfekt!), aber auch Songs der schon legendären **New Kids On The Block.**

»Ich habe aber nie öffentlich gesungen«, betont **Christian** im Interview. »Auch nicht in der Schule, da hab ich lieber Theater gespielt.«

Vielleicht hätte es den Sänger **Christian Wunderlich** nie gegeben, wäre ihm bei der **GRUNDY UFA** nicht ein Mann namens Jens Rodenberg begegnet.

»Ein verdammt guter Kumpel«, beschreibt **Christian** den Mann, der heute als sein Manager fungiert.

Jens, selbst ein leidenschaftlicher Musiker und Saxo-Spieler, schleppte seinen Freund **Christian** eines schönen Tages zum Karaoke-Singen, natürlich nicht ahnend, was daraus entstehen würde. Zuerst sangen die beiden wirklich nur just for fun, aber dann … Gemeinsam begannen sie, selbst zu komponieren und zu texten.

Mit zwei brandneuen Stücken »bewaffnet«, begab sich das hoffnungsvolle Duo zu Martin Rohdich, einem von Jens' Freunden, ins Studio, um ein Demoband aufzunehmen. Das war eine relativ einfache Aktion, schwieriger wurde es, dieses Band bei den einschlägigen Plattenbossen unterzubringen. Um es kurz zu machen: zuerst passierte wieder einmal rein gar nichts.

Aufgeben oder weitermachen? war die Frage, und da wir inzwischen alle *Christians* Songs kennen, wissen wir auch, wie die Antwort lautete.

Und wieder einmal übernahm das Schicksal die Regie. Weil die Musik *Christian* tierischen Spaß machte, überlegte er erst mit Jens, später auch mit **GRUNDY UFA,** seiner Produktionsfirma, wie man vorgehen könnte. Schon bald wurde die Idee, *Christians* Songs in die Serie **Verbotene Liebe** einzubauen, geboren.

Wieder einmal setzten sich *Christian* und Jens gemeinsam mit ihrem Freund Martin Rohdich auf den Hosenboden und komponierten und texteten *That's my way to say goodbye,* den Song, den *Christian* dann später in der Serie beim Begräbnis von **Ramon** singen würde.

Jeder andere Künstler wäre jetzt vielleicht froh gewesen, seinen Song einfach abzuliefern und abzuwarten, was damit geschehen würde. Nicht so *Christian*. Schon

zu oft hatte er miterlebt, wie andere Soap-Stars Cover-Songs gemacht und veröffentlicht hatten, aber das war nicht so ganz, was er sich vorgestellt hatte.

»Ich wollte eben mein eigenes Ding machen«, erklärt er uns den nächsten Schritt in seiner Karriere. »Anders als die andern hatte ich einen eigenen Song, eigene Musik, eigene Texte, keinen Sprechgesang, sondern halt echte, richtige Musik. Und meine Musik sollte auch keine Eintagsfliege sein, sondern bleiben, und sie sollte auch unabhängig von **Verbotene Liebe** bestehen können.«

Gemeinsam mit Jens machte sich **Christian** auf die Suche nach einer geeigneten Plattenfirma, die seinen Wünschen und Vorstellungen entsprach. Es war wohl wieder das Schicksal, das die beiden Freunde zu Walter Pütz von **Chlodwig Musik Köln** führte. Aus eigener Erfahrung können wir bestätigen, daß Walter einer der nettesten Menschen überhaupt ist. Er fackelt nicht lange, sondern nimmt Dinge, die ihn interessieren, gleich in Angriff. So auch **Christians** Song **That's my way to say goodbye**.

Walters richtigen Riecher beweist die Tatsache, daß der Song, der am 10.8.1998 veröffentlicht wurde, bereits zwei Wochen später in die Charts auf Platz 86 einstieg. Nur eine einzige Woche später!!! kletterte **Christians** Song in rasender Geschwindigkeit um sage und schreibe 49 Plätze auf Platz 37 der Charts. Kometengleich ging es nur eine Woche später um weitere 20 Plätze hoch auf Platz 17, und dann sogar auf Platz 12. Insgesamt war **That's my way to say goodbye** sechs lange Wochen in den Top 20.

Aber nicht nur in Deutschland waren **Christian** und seine Debutsingle gefragt, sondern auch in der Schweiz. Nach nur einer einzigen Woche landete er auf Platz 17 der Charts und stieg sogar bis auf Platz 3. Insgesamt konnte sich **That's my way to say goodbye** bei den

Schweizern 5 Wochen in den obersten Chartplätzen behaupten.

»**Chlodwig** ist so richtig familiär und doch wahnsinnig professionell«, berichtet *Christian* völlig begeistert. »Und sie sind vor Ort, was natürlich für mich auch wichtig ist, weil ich ja ständig drehen muß. Sie haben alle wahnsinnig viel drauf und teilen meine Meinung, daß ein richtiger Sänger auch eine Live-Band braucht.«

Apropos live! *Christian* ist ein ausgesprochener Fan von Livegesang, etwas, das unser Herz auch gleich ein paar Takte höher schlagen läßt, denn auch wir sind der Ansicht, daß Musik nur dann richtige Musik ist, wenn sie auch live vorgetragen wird. Wie sagte *Christian* dazu so schön?

»Wenn ich playback singe, dann kann ich doch auch gleich eine CD auflegen.« Recht hat er!!!

That's my way to say goodbye wurde also veröffentlicht und schlug nicht nur in den Charts wie eine Bombe ein, sondern auch bei den treuen Zuschauern von **Verbotene Liebe**. Wer diese Folge gesehen hat, kann bestätigen, daß die Szene sehr zu Herzen ging. Kein Wunder, daß so manche Träne geflossen ist.

»Die in Griechenland gedrehten Folgen waren der Hammer«, erzählt uns ***Christian*** weiter. »**Verbotene Liebe** war die erste Soap, die einen derartig aufwendigen Außendreh gemacht hat, aber es kam tierisch gut beim Publikum an. Und dann der Song! Der war echt gut für die Serie. ***Verbotene Liebe*** rückte prompt an die zweite Stelle in der Beliebtheitsskala. Vorher stand sie immer so auf Platz vier.«

Gleich nach der Veröffentlichung des Songs setzte sich eine ganze Maschinerie in Gang. Nicht nur die Fans waren aufmerksam geworden, sondern auch die Medien. ***Christian*** war plötzlich der von allen Seiten umschwärmte Star. Keine **BRAVO**, in der nichts über ihn zu lesen stand. In der Ausgabe Nr. 33 berichtete die **BRAVO** auf einer Doppelseite über den Videodreh in New York, in Nr. 37 war ***Christian*** der Star der Woche, in Nr. 38 wurden ein Poster und der Songtext abgedruckt. Die Nr. 39 befaßte sich auf zwei Doppelseiten mit seiner ersten großen Liebe, und in der Ausgabe Nr. 40 war ***Christian*** sogar auf dem Titelblatt abgebildet. Ein weiterer Bericht, noch ein Poster und ein Sticker waren in der Ausgabe Nr. 41 zu finden.

Andere namhafte Magazine wie **Popcorn, Bravo Girl, HIT!** und **Mädchen** zogen nach, und natürlich trat ***Christian*** auch in **BRAVO TV** auf, was ihm übrigens besonders großen Spaß gemacht hat.

Bei **VIVA,** Deutschlands wichtigstem Musiksender**,** verhielt es sich ähnlich wie bei der **BRAVO**. ***Christian*** war in allen einschlägigen Sendungen zu bewundern, von **VIVA Interaktiv** bis **kKwL.**

»Warum bleibst du eigentlich nicht gleich dort?« lautete einmal Renis Kommentar, als *Christian* uns über einen weiteren Auftritt bei **VIVA** informierte.

Irgendwann einmal haben wir die Übersicht über *Christians* zahlreiche Auftritte und Presseaktivitäten verloren. Im Flur zu seiner Garderobe bei **GRUNDY UFA** kann man einen Großteil der Printveröffentlichungen bewundern. Es sind verdammt viele!!!

Bei jedem unserer Treffen schwärmte *Christian* von seiner zweiten Single, die Ende November 1998 veröffentlicht werden sollte, und schaffte es, uns tierisch neugierig zu machen. Anfangs verriet er uns nur, daß es auch eine »ruhige« Nummer werden sollte, aber dann rückte er doch mit der Sprache heraus und erzählte uns mehr. Schon als er den Gospelchor bloß erwähnte, erntete er bei uns ein begeistertes Seufzen. Alte Musikfreaks wie wir beginnen dann schon gleich zu träumen und malen sich aus, wie der Song denn wohl klingen wird.

Mittlerweile kennt Ihr alle *In Heaven*, und Ihr werdet verstehen, weshalb wir ins Schwärmen gerieten. Bei diesem Song, der am 23.11.1998 veröffentlicht wurde, paßt einfach alles. Oft genug passiert es, daß der zweite Titel eines jungen Künstlers schwächer ist als der Debutsong. Auf *Christian* trifft das weiß Gott nicht zu.

Wir erinnern uns noch sehr gut an den Tag, als er diesen neuen Song einsang. Gleich im Anschluß meldete er sich telefonisch und erzählte uns, wie es gelaufen war.

»Das ganze Studio hatte Gänsehaut«, berichtete *Christian* bewegt, und nachdem wir den Song selbst gehört hatten, konnten wir das sehr gut nachvollziehen.

»Am besten hättet Ihr der CD ein Taschentuch beigelegt«, murmelte ich, um meine Rührung zu verbergen. *In Heaven* ist einer der schönsten Songs überhaupt, gefühlvoll, exzellent arrangiert, und mit einer Stimme vorgetragen, die selbst einen Eisberg zum Schmelzen bringen könnte.

Schwierig wird es, wenn man sich zwischen der Aufnahme mit dem Gospelchor und der Solostimme mit Klavier entscheiden muß. Beide haben jeweils einen ganz besonderen Reiz. Ehrlich gesagt, konnten wir es kaum noch erwarten, *Christian* live mit *In Heaven* auf der Bühne zu sehen. Da dieses Buch ja aber mal gedruckt werden mußte und unser Manuskriptabgabetermin unerbittlich näher rückte, können wir Euch leider nicht mehr darüber berichten, aber wir sind sicher, daß bei diesem Song immer viele, viele Tränen fließen werden.

Mit *In Heaven* stand Christian auch wieder im Blickpunkt des Medieninteresses, wie die vielen Auftritte bewiesen, die schon vor der Veröffentlichung abgesprochen wurden. Maja von **Chlodwig Musik** war so freundlich, uns einen kurzen Einblick zu gewähren. Bereits am 22.11.1998 konnte man bei **BRAVO TV** auf **RTL2** die Premiere des Videos *In Heaven* erleben. **SAT1** strahlte ein Portrait von *Christian* aus, bei **Top of the Pops** war er ebenso zu Gast wie bei **BRAVO Hot'n'Holy Christmas Show.** Er war im **ARD WDR Mausclub** ebenso zu bewundern wie bei **ZDF Chart Attack.**

Natürlich waren auch wieder etliche Berichte in den einschlägigen Printmedien zu verzeichnen. Ein besonderes Bonbon für die Fans dürfte die **BRAVO**-Reportage »Hinter den Kulissen von **Verbotene Liebe**« gewesen sein. Da konntet Ihr so einiges wiedererkennen, was wir in diesem Buch schon im Bild für Euch festgehalten haben.

Ganz gespannt dürfen *Christians* Fans jedenfalls auf das Album sein, das im März 1999 veröffentlicht wird. Es wird *Christian* so zeigen, wie er ist, vielseitig, mit sehr vielen Facetten, mal happy und gut drauf, mal nachdenklich, beinahe schon melancholisch.

Natürlich tauchte bei den vielen Gesprächen, die wir mit *Christian* geführt haben, auch die Frage auf: »Wie siehst du deine Zukunft? Siehst du dich mehr als Schauspieler oder mehr als Musiker?«

Es fiel ihm sichtlich schwer, sich zu entscheiden, und deshalb wollten wir ihn auch nicht dazu drängen. Fakt ist, daß ihm Schauspielern ebenso im Blut liegt wie die Musik, und wir sind sicher, daß ihn das Schicksal genau dahin führen wird, wohin er gehört.

That's my way to say goodbye

It's easy for those who're gone
but hard to carry on
The good and bad belong to us
Like a prayer to a priest

So I wonder who will care for me
When my heart's crying in pain
And the only thing that I can do
Is wait, can I wait?

Time will tell what's on my mind
Tears will flow until my eyes go blind
Oh, I sing until I cry,
'cause that's my way to say goodbye

We built castles in the air
And we watched the world out there
And now there's nothing I can do
But wait, I will wait for you

Time will tell what's on my mind
Tears will flow until my eyes go blind
Oh, I sing until I cry,
'cause that's my way to say goodbye

In heaven

When I think of all the moments
full of love and tenderness
shivers running down my spine
feeling your caress
and I linger in the memory
of a love that's so divine
you're everything that I desire
I wanna spend my time

In heaven with you
in heaven so true
from the very start and heart to heart
a love I never knew
In heaven with you
in heaven so true
how I wanna see us walking hand in hand
you and me in heaven

Every hour every minute
I pretend that you are near
with the love that you've given
it's almost like you're here
from a distance I can touch you
dream the wonder that we share
I want you here to stay with me
yes I will be there

Der Dichter
Christian Wunderlich

»Ich war schon als ganz, ganz kleiner Junge künstlerisch ambitioniert«, denkt *Christian* laut nach, als wir ihn über sein drittes »Feengeschenk«, das Dichten, befragen. »Ich war ganz wild darauf, die Buchstaben zu lernen. Vielleicht war ich deshalb so gut in der Grundschule. Gleich, als ich ein bißchen schreiben konnte, habe ich damit angefangen, mir meine eigenen Geschichten zu schreiben. Ja, und dann gab es später eine ganze Buchserie von mir, nichts Großartiges, nur so ein kleines Heftchen. Die Ameisentruppe hieß es. Folge sowieso und Folge sowieso. Ganz viele Geschichten hab' ich da geschrieben. Immer in sich abgeschlossen. Auf der einen Seite stand der Text, und auf der anderen hab ich kleine Bildchen dazu gemalt.«

Christian wirkt auf einmal sehr, sehr ernst und nachdenklich, und wir spüren ganz genau, daß dieses dritte Talent eine große Bedeutung für den Menschen *Christian* hat. Schreiben ist auch für uns mindestens so wichtig wie für andere Leute die Luft zum Atmen. Eigentlich hätten wir hier das Interview abbrechen und unsere eigene Story niederschreiben können, denn auch ohne große Erklärung von *Christian* sind wir sicher, daß er ebenso empfindet und denkt wie wir.

Plötzlich schaut *Christian* auf und lächelt verhalten. »Schreiben ist eine verdammt tolle Sache«, fährt er unaufgefordert fort. »Irgendwie kann man damit alles bewältigen, nein, nicht bewältigen, aber irgendwie erträgli-

cher machen. Als kleines Kind hab ich nur erfundene Geschichten geschrieben, aber später ... vor allem, als mein Vater starb. Ich war gerade mal 14 Jahre alt. Er hatte einen Gehirntumor und war erst 54. Ihr müßt Euch vorstellen, ich hab das alles ja mitbekommen. Er mußte immer wieder zurück ins Krankenhaus.«

Keiner von uns sagt einen einzigen Ton. Unsere Kehlen sind plötzlich wie zugeschnürt. Wir sitzen da, fühlen mit **Christian** und können ihn so gut verstehen.

»Mein Vater war auch erst 51, als er starb«, sage ich nach einer kleinen Ewigkeit. »Reni hat ihren Opa niemals kennengelernt. Im Gegensatz zu deinem Vater war meiner vorher nie krank gewesen.«

Christian lächelt wieder so eigenartig, ein Lächeln, das durch und durch geht. »Ja, damals fing es an, daß ich ernstere Sachen schrieb. Und dann ... egal, ob es mir gut oder schlecht ging, ich hab einfach alles aufgeschrieben.«

»Als wir bei uns zu Hause waren und ich dir all unsere Bücher gezeigt habe, hast du mich mal gefragt, wie ein Mensch so viele Romane in so kurzer Zeit schreiben kann«, werfe ich ein, »und wieso wir in knapp drei Jahren jetzt unser 13. gemeinsames Buch schreiben. Weißt du noch?«

Diesmal klingt **Christians** Lachen schon wesentlich befreiter.

»Alles true-stories«, bestätige ich.

»Ja«, beteiligt sich Reni jetzt endlich auch an diesem Gespräch. »Sie hat echt alles verarbeitet, was passiert ist. Und deshalb gingen ihr und gehen jetzt auch uns nie die Ideen aus.«

Christian nickt zustimmend. »Bei mir ist das aber sehr komisch. Oft schreibe ich monatelang nichts, und dann plötzlich in einer einzigen Woche zehn oder sogar zwanzig Gedichte.«

»Du hast ja auch noch andere Jobs zu erledigen«, trösten wir ihn.

»Stimmt.« **Christian** rutscht etwas tiefer in seinem Sessel. Man merkt, wie sehr er jetzt in der Erinnerung steckt. Nur wenige Minuten später beginnt er wieder zu reden. »Als mein Vater starb, hab' ich sehr viel geschrieben. Beim Dreh von **Ramons** Beerdigung mußte ich wieder daran denken.«

Ich schaue kurz zu Reni hin, die meinen Blick sehr ratlos erwidert. Schon zu Beginn haben wir Euch berichtet, daß ausgerechnet **Christians** Gedichte den Anstoß gaben, dieses Buch, das so anders ist als unsere vorherigen, zu schreiben. Als wir sie zum ersten Mal lasen, waren wir zutiefst betroffen. Bei unserem ersten Treffen mit **Christian** haben wir ihn ausdrücklich gefragt, ob er diese Gedichte tatsächlich veröffentlicht haben will, und er sagte ja. Ich wandte ein, daß sie doch sehr, sehr persönlich seien, aber er bestand darauf, daß wir sie im Buch verwenden sollten. Daran muß ich jetzt wieder denken, und Reni auch.

»Hör mal, *Christian*«, fange ich reichlich umständlich an, aber er ahnt ja schon, was ich sagen will.

»Es ist okay. Ich will es wirklich. Schreibt sie rein!« Mit einem Ruck richtet *Christian* sich auf und zwinkert uns beruhigend zu.

Obwohl keine von uns beiden sicher ist, das Richtige zu tun, geben wir schließlich nach. »Wie du willst, *Christian*. Immerhin ist es dein Buch, und es sind auch deine Gedichte, aber komm dich später nie, nie, nie bei uns beschweren. Ein Buch ist für die Ewigkeit, mein Lieber. Vergiß das bitte nicht!«

»Willst Du es schriftlich haben?« versucht Christian zu albern, vielleicht weil er wieder einmal fühlt, daß uns dieses Thema auch gewaltig zusetzt.

»Es reicht, wenn du es mir auf Band sprichst«, gehe ich nur zu gern auf diesen leichten Ton ein.

»Ich will, daß ihr meine Gedichte veröffentlicht«, sagt er brav ins Mikro.

Und so kam es, daß Ihr am Ende doch noch den Dichter *Christian Wunderlich* zumindest ein klein wenig kennenlernt.

Plötzlich ist unsere düstere Stimmung wieder verschwunden.

Ich räuspere mich energisch und besinne mich darauf, daß ich den Job zu tun habe, den ich am liebsten mache. »Und was wird in Zukunft aus dem Dichter *Christian Wunderlich* werden? Möchtest du uns vielleicht Konkurrenz machen?«

»Aber ja doch«, grinst *Christian*. »Ich würde wirklich gern einen Roman schreiben. Ich hätte da auch schon ein paar Ideen.«

»Glaub ich dir unbesehen«, platzt Reni heraus, und auch ich kann nur zustimmend nicken, denn einem so talentierten Künstler wie *Christian* dürfte es nicht an Ideen mangeln.

»Wenn nur die liebe Zeit nicht wäre«, stichele ich.

»Ja, aber irgendwie kriegt man am Ende doch alles auf die Reihe, Mädels.«

Und dann schalte ich ganz, ganz schnell das Tonband ab, um ein bißchen ausführlicher über seine Ideen, aber auch über unsere mit ihm zu debattieren.

Ungewißheit

Ich habe Angst davor,
daß du alleine bist,
noch wie ein Baum ohne Rinde
und in einer fremden Stadt
vergißt,
was ich für dich empfinde.
Naive Angst?
Ich weiß es nicht!
Und so stelle ich mir die Frage,
was du im Inneren
für mich fühlst.
Doch ich stelle sie nur vage,
denn ich habe kein Recht
von dir zu verlangen,
mir zu sagen,
wer du wirklich bist,
doch brennt in mir
die Ungewißheit,
ob meine Liebe zu dir
chancenlos ist ...

(Christian Wunderlich 17.11.96)

Grenzenlos

Du bist die Frau,
die ich liebe,
mit der ich alt werden möcht,
doch raubst du mir
Stück für Stück
die Hoffnung
auf ein gemeinsames Glück.
Mit jedem Kuß
entfernst du dich
ein bißchen weiter von mir;
ich will nicht
nur eine Erinnerung aus deinem Leben sein.
Ich bin du,
du bist ich,
Ich liebe dich ...
...Grenzenlos

(Christian Wunderlich)

Einsame Rose

Das Leuchten deiner Augen,
dem Funkeln der Sterne gleich.
Und schaust du mich an,
werden meine Knie weich.
Mit deinem Lächeln
zauberst du Licht in die Nacht,
in der ich nicht schlafen kann,
und immer nur an dich gedacht.
Du ziehst mich in deinen Bann
mit deiner wundervollen Art,
die mich oft nervös gemacht,
bis ich mich dir offenbart.
Du bist wie eine einsame Rose
auf einem großen Feld,
die wunderschön und zart
sich bestimmt noch lange hält
und doch so weit entfernt
wie eine Wolke, die vom Wind verweht,
für immer in meinem Herzen besteht.
Und gehst du deinen Weg,
so denke immer dran,
daß ich da bin
und ohne dich
nicht leben kann!

(Christian Wunderlich 25.5.97)

Ich sehe dich an
und weiß,
du bist etwas Besonderes.
Du strahlst etwas aus,
das mich langsam gefangen nimmt;
ich hätte nie gedacht,
daß Gefangenschaft
so unendlich schön
und doch so schmerzhaft
sein kann.
Denn es ist wie immer,
du bist weit entfernt,
doch dieses Mal mache ich es anders:
ich versuche nicht,
dich verzweifelt zu erreichen,
dich zu küssen:
ich nehme mir Zeit,
gebe sie dir,
damit, das spüre ich genau,
werde ich irgendwas erreichen;
ich weiß nur noch nicht,
ob es gut für dich
oder für mich ausgeht
…oder ausnahmsweise,
und das sag ich lieber leise:
Für uns zwei!

(Christian Wunderlich)

Es gab Zeiten, da habe ich das Leben gehaßt. Mein Leben! Nicht etwa, weil ich es für nutzlos angesehen habe. Das habe ich eigentlich nie getan. Eine sehr gute Freundin hat einmal gesagt: »Es hat alles einen Sinn!« Alles? Das konnte und kann ich nicht nachvollziehen! Wo bitteschön sollte der Sinn vom Tod meines Vaters liegen? Für ihn, meine ich. Ich werde nicht danach suchen, weil dies eine Sache ohne ein Ende wäre.

Meine Kindheit war sehr schön, und daß mein Vater fast regelmäßig ins Krankenhaus mußte, war für mich irgendwie ein Teil davon. Gehirntumor! Das sagte mir nichts. Mein Gott, ich war klein, ein Kind, und wo andere Väter mit ihren Kindern ausgelassen spielten, mußte ich mit ansehen, wie meiner immer mehr dahinsiechte. Es erstreckte sich über Jahre hinweg, richtig ernst genommen hatte ich die Krankheit nie. Wie gesagt, ich war noch ein Kind, und mir erklärte niemand, was überhaupt los gewesen ist. Aber wahrscheinlich wollte ich es auch nie genau erfahren. Erst, als es schon zu spät war, habe ich erkannt, daß ich Papa mehr geliebt habe als irgendeinen anderen Menschen auf der Welt.

...Denn meine Liebe zu dir ist groß,
für dich würde ich meine Seele hergeben,
denn wir kommen, um schließlich zu sterben,
und wir sterben fürs ewige Leben!

(Christian Wunderlich)

Am Set
mit Christian Wunderlich

Es ist schon eine Weile her, daß wir von einem **GRUNDY UFA**-Mann nähere Informationen über die erste Daily Soap der **ARD,** die am 21. Januar 1995 auf Sendung gegangen ist, bekommen haben. Pflichtschuldig haben wir das gesamte Material gecheckt, und dementsprechend neugierig waren wir natürlich, als wir das ausgedehnte Gelände in Bocklemünd zum ersten Mal betraten, besser gesagt, befuhren. Das Wetter war ausnahmsweise mal herrlich, wir hatten eine staufreie Autofahrt hinter uns und waren voller Tatendrang, denn schließlich waren wir zum ersten Mal mit *Christian* am Set verabredet.

Als wir auf den Parkplatz einbiegen, fällt uns sofort eine relativ große Menschenmenge auf, die dort in der Nähe des Gitters, das das Anwesen absperrt, sitzt. Beim näheren Hinsehen bemerken wir, daß sich dort nicht nur junge Mädels, sondern auch ein paar »ältere Semester« eingefunden haben.

»Fans gibt es also überall«, kommentiert Reni, während sie unser Auto geschickt in eine Parklucke zwängt. »Dann geh uns mal schön anmelden!« Mit dem Kopf deutet sie auf das Schild, das dem werten Besucher anzeigt, daß vor der Durchfahrt ins Allerheiligste die Anmeldung steht.

Der Papierkram ist recht schnell erledigt, und schon öffnet sich die Schranke, und wir dürfen passieren. Die **GRUNDY UFA**-Produktion ist dank guter Beschilderung problemlos zu finden. Auch hier müssen wir uns natürlich anmelden, denn schließlich dürfen nicht Hinz und Kunz durch die heiligen Hallen wedeln und die Produktion stören.

Die junge Dame am Empfang ist sehr lieb und zeigt uns den Weg in die Kantine, in der wir mit *Christian* verabredet sind. Ein paar der Darsteller aus **Verbotene Liebe** sitzen dort, aber auch Techniker, Kameraleute, halt die Menschen, die dafür sorgen, daß sich das erlauchte Publikum in Millionenhöhe tagtäglich an einer neuen Folge seiner Lieblingsserie ergötzen kann.

Nachdem wir uns gesetzt haben, klingelt wieder einmal das Handy, und ich bin vorläufig damit beschäftigt, mit meinem Gesprächspartner zu verhandeln. Und so hat Reni Zeit, sich in der Kantine etwas genauer umzusehen. Über den dort installierten Monitor kann sie die Dreharbeiten verfolgen, und was, besser gesagt, wen entdeckt sie? Richtig! *Christian*, der sich gerade als *Frank Levinsky* heftig zofft.

Wie eingangs schon erwähnt, ist es ein recht seltsames Gefühl, *Christian* in action zu erleben. Er gefällt uns als *Frank Levinsky* so gut, daß wir tatsächlich Raum und Zeit vergessen und die Szenen gespannt am Monitor verfolgen. Leider ist unser Zuschauen nicht von sehr langer Dauer, denn plötzlich erscheint *Christian* live und in Farbe bei uns in der Kantine und läßt sich aufatmend neben uns auf die Bank fallen.

Da unser erster Besuch bei der **GRUNDY UFA** noch ganz am Anfang unserer Recherchen stattfand, gab es natürlich eine Menge zu besprechen und zu verhandeln, und plötzlich war es zu spät für eine Besichtigung der Studios, weil dort bereits neue Szenen gedreht wurden. Wir hatten auch keine Zeit mehr, denn wir waren in Köln noch mit Rüdiger und mit **give 1's**, die an diesem Tag im **ARD Maus Club** aufgetreten waren, verabredet und hatten noch einen sehr langen Abend vor uns. Nach dem

81

Motto: aufgeschoben ist nicht aufgehoben, verabredeten wir uns mit *Christian* für einen anderen Tag, an dem wir voll und ganz auf unsere Kosten kamen. *Christian* hatte drehfrei, und so konnte er uns alles ganz genau zeigen.

Zuerst führt er uns hinauf zu den Büroräumen. Das erste, das dem Besucher ins Auge fällt, ist die bereits erwähnte Wand mit den unzähligen Printveröffentlichungen über *Christian*. Es ist in der Tat beeindruckend, was in den letzten drei Jahren alles geschrieben worden ist. Bei genauem Hinsehen entdecken wir auch die neuesten Veröffentlichungen über seine Musikkarriere.

»Das wird wohl jetzt bald noch mehr«, orakelt *Christian*, als er sich fürs Foto an die Wand stellt.

Wenig später zeigt er uns die Postfächer, in denen Fanbriefe usw. für die Darsteller gesammelt werden. *Christians* Fach ist zum Bersten voll, aber ihn haut das nicht vom Hocker, denn daran ist er bereits gewöhnt. Logisch, daß Reni auch hier ein Foto macht.

Und dann geht es ab ins Pressebüro, in dem Tina das Zepter schwingt. Da sie gerade noch in einer Besprechung ist, nutzen wir die Zeit, uns in dem freundlich eingerichteten Büro ein wenig umzusehen, während Christian ein paar Worte mit Tinas Assistentin wechselt. Für Nicht-Serien-Insider, wie wir das sind, ist Tinas Office höchst interessant. In einem offenen Schrank entdecken wir Autogrammkarten der **Verbotene Liebe** Stars, an den Wänden hängen Kalender mit Bildern der Darsteller usw., usw., dazu Unmengen an Postkarten aus aller Welt.

Daß Tina van den Berg ein ganz großer Schatz ist, haben wir bereits erwähnt, genau so ist sie für jeden Joke zu haben, denn kurzerhand haben wir Tina für unsere Fotos auch zur Akteurin gemacht.

Arbeitende Menschen soll man nicht allzu lange belästigen, und so verabschieden wir uns bald und folgen

Christian zu den Garderoben. Unterwegs treffen wir noch auf Jens Rodenberg, der ebenfalls sehr beschäftigt wirkt, sich aber doch die Zeit zu einem ausgedehntem Hallo nimmt. Logisch, daß wir (klein und gemein, wie wir manchmal Euretwegen sind) Fotos von ihm und *Christian* machen.

Danach geht es aber endlich hoch zu den Garderoben, und auf die sind wir auch schon mächtig gespannt. *Christian* ist natürlich sofort in seinem Element, pflanzt sich auf die Couch und rezitiert seinen Text, zeigt uns seine Klamotten, die er in der Serie trägt, und läßt es sich nicht nehmen, Euch ausgerechnet das Hemd zu zeigen, das er bei unserem ersten Treffen angehabt hat. Es ist übrigens ein sehr hübsches Hemd, das ihm ausgezeichnet steht.

Und dann wurde es für uns auch schon höchste Zeit, endlich die Studios zu besichtigen.

Als erstes fällt uns natürlich *Ramons* ehemaliger Bus auf, der jetzt zum Radiosender umfunktioniert worden ist. *Christian* jumpt in den Wagen und fummelt wie wild am Mischpult herum.

»Hier spiele ich, wenn auch illegal, den Dr. Love«, kommentiert er und schaut mal ernst, mal lächelnd in Renis Kamera.

So ein Studio ist eine recht beeindruckende Sache. Ob Kneipe oder Wohnzimmer, auf relativ kleinem Raum ist alles, was später im Fernsehen riesig und so echt wirkt, aufgebaut.

Christian schwingt seinen Edelkörper mal hierhin, mal dorthin, pflanzt sich auf einen Stuhl und mimt den Leidenden, eine Rolle, die ihm immer besonders gut steht.

Plötzlich entdeckt Reni ein großes Aquarium und hat prompt einen genialen Einfall.

»Komm doch mal her, Christian!« ruft sie, und natürlich trabt *Christian* auch brav an. Während die beiden sich mit den Fischen amüsieren, werfe ich noch einen

letzten Blick in den Bus und denke an meine eigene Radiozeit.

»Das werden bestimmt geile Fotos«, höre ich **Christian** schwärmen.

»Du wirst aussehen wie **Leonardo di Caprio**«, albert Reni. »Stell dich noch etwas näher ran! Jaaa, so ist es super!«

Ich weiß nicht, ob Ihr, die Leser, schon mal das Vergnügen hattet, ein TV-Studio so hautnah zu erleben, aber auf mich wirkt so etwas immer sehr inspirierend, und so mußten Reni und **Christian** mich am Schluß auch mit Brachialgewalt aus dem Studio zerren.

Nach vollbrachter Studioführung ging es dann zurück in die Kantine, um unsere weiteren »Schandtaten« zu besprechen.

Videodreh in New York: That's my way to say goodbye

Eigentlich sollte dies ein ernstes Interview werden, aber da hatten wir die Rechnung ohne **Christian** gemacht, denn der sorgte dafür, daß es zur härtesten Belastungsprobe unserer Lachmuskulatur wurde. **Christian** war nämlich an diesem Tag in absolut ausgelassener Stimmung und durch nichts und niemanden zu bremsen. Zu allem Überfluß hatten wir ihm vorher anvertraut, daß wir meistens nachts schreiben, um möglichst ungestört durch Telefon und Besucher zu sein, und diese Auskunft muß ihn wohl dazu veranlaßt haben, etwas »Licht« in unser »Dunkel« zu bringen, sprich, uns die einsame Nacht etwas zu erhellen.

Das Abhören des Tapes fällt uns dann auch schrecklich schwer, und spätestens nach zwei, drei Sätzen müssen wir immer wieder stoppen, lachen und zurückspulen.

Christian bestand anfangs darauf, »flüssig« zu erzählen, und uns war das auch recht, denn schließlich konnten wir später, wenn noch etwas unklar sein sollte, immer noch einmal nachhaken. Und so begann der Gute also zu berichten. Ach, hätte er doch nur einfach gesagt: »Wir sind nach New York geflogen, weil wir dort unseren Videodreh machen wollten, und das lief so und so ab ...« Nein, nein, das war nicht **Christian**-like. Als guter Schauspieler spielte!!! er jedes Wort. Das klingt jetzt vielleicht etwas verwirrend, aber es war so. Dazu unterlegte er bestimmte Worte auch noch mit den entsprechenden

Geräuschen. Man stelle sich also vor, er redet gerade vom Flug nach New York und vom Untergang der **Titanic**, dem Film, den er an Bord gesehen hat. Dabei rollt er drollig mit den Augen, deutet mit den Händen den Untergang an, prustet und pustet usw. Ein wenig später erzählt er begeistert, wie er in seinem Hotel, das die Kleinigkeit von etwa vierzig Stockwerken aufweist, mit dem Aufzug rauf- und runterfährt, dazu natürlich auch wieder die entsprechende Mimik und seine vielen Gesten. Eigentlich hätten wir diesem Buch ein Tape oder noch besser ein Videoband beilegen sollen, um Euch zu veranschaulichen, wie **Christian** uns seinen allerersten Videodreh beschreibt.

Und eben weil es beinahe unmöglich ist, sich auf Dauer zu konzentrieren und wir am Schluß total den Faden verlieren, gehen wir doch wieder zum »Ausquetschen« über, um Euch zumindest einigermaßen zu vermitteln, was uns der Schauspieler, Sänger und Dichter **Christian Wunderlich** eigentlich sagen will:

R.K.: »Du bist also nach New York geflogen.«

C.W.: »Ja, mein allererster Videodreh. Wir sind nach New York geflogen, so sechs, sieben Stunden Flug. Ich bin ja sowieso nicht so ein Freund vom Fliegen, und deswegen war das für mich nicht gerade sehr angenehm, aber es war okay.«

R.K.: »Nur halt eben sehr lang für einen, der nicht gern fliegt.«

C.W.: »Dafür haben wir ja auf dem Flug so schöne Untergangsfilme wie **Titanic** gesehen, und na ja … Irgendwann waren wir dann mal in New York. Wir hatten ein sehr schönes, großes Hotel, so vierzig Stockwerke hoch, und wir sind dann mit dem Lift immer rauf- und runtergefahren, und der Lift, der war schneller als der Ferrari von **Schumacher**. Das war für mich als ›Freund‹ vom Fliegen auch wieder sehr nett.«

R.K.: »Und wie ging es dann weiter?«

C.W.: »Gleich am nächsten Tag haben wir dann auch angefangen zu drehen. Wir hatten für diesen Videodreh zwei Tage eingeplant und sind quer durch New York von der Brooklyn Bridge bis hin nach Chinatown gefahren und gelatscht.«

(Da *Christian* schon wieder so eigentümlich grinst, fahren wir ganz, ganz schnell fort.)

R.K.: »Dann erzähl doch mal! Im Video ist ja 'ne Menge los.«

C.W.: »Und ob! Ich rase stundenlang singend durch die Straßen. Ach ja, meine Filmpartnerin in diesem Videodreh war nicht so ganz mein Typ, muß ich sagen, denn ich steh nicht so auf dieses Südländische. Sie hatte ja einen etwas spanischen Touch. Und das ist nicht so mein Ding.«

Von *Christians* Übermut angesteckt, platze ich heraus: »Sie kam Dir also spanisch vor?«

»C.W.: »Genau, ja, irgendwie kam sie mir wirklich so vor. Sie heißt übrigens Marisel und war eigentlich ganz nett.« (*Christian* zieht die Augenbrauen hoch und grinst.) »Natürlich war sie nett, ich hab sie ja gar nicht verstanden. Dann gab es diese wunderbaren Szenen, wie ich ihr im Video so hinterherdackele und sie suche. Da kann der Zuschauer jetzt selbst interpretieren, ob sich das alles nur in meiner Phantasie abspielt oder ob das wirklich so ist.«

R.K.: »Finde ich gut. Übrigens, das Video gefällt uns.«

C.W.: »Es war auch ein wunderbarer Videodreh. Wir hatten schönes Wetter und einen tollen Eindruck von New York. Dreckig, laut, stinkig, aber richtig gut.«

(*Christian* legt eine kleine Kunstpause ein, und innerlich sind wir darauf gefaßt, daß der Komiker in ihm wieder die Oberhand gewinnt, aber diesmal täuschen wir uns. *Christian* bleibt ganz bei der Sache!!!)

C.W.: »New York ist ein echter Hammer. Was mir aber

91

aufgefallen ist, die Bullen standen an den riesigen Straßenkreuzungen an jeder Ecke, und die Leute latschten trotzdem immer über Rot, und keinen hat das irgendwie überhaupt interessiert. Das war schon wirklich eigenartig. Wenn du hier über Rot läufst ... kriegst Du schon direkt zwei Monate oder so. Das war echt der Hammer. Ach ja, da fällt mir noch was ein. Also, irgendwie hatten wir einen guten Tag erwischt, denn am Vortag war da ein Riesenkran von so einem Hochhaus runtergeknallt, und es war alles gesperrt, und genau da hatte ich meinen Videodreh.«

R.K.: »Hast du denn wenigstens ein bißchen was von New York gesehen?«

C.W.: »Ich hätte gern noch ein paar Musicals gesehen oder so etwas, aber hab' ich nicht. Ich hätte auch gern ein bißchen mehr von der Stadt gesehen, aber das hat auch nicht geklappt. Wir haben dann nur so das Übliche gemacht, sind rumgelatscht und haben ein paar Hot dogs gegessen, und irgendwann waren wir dann auch wieder im Hotel. Ach ja …«

(Christian lächelt gespielt eitel und fährt sich mit einer Hand übers Haar.) »Da waren so ein paar amerikanische Fans, die haben mich doch tatsächlich für **Leonardo Di Caprio** gehalten. Die sind angekommen mit einem **Titanic**-T-Shirt und wollten, daß ich darauf unterschreibe. Ja, danke Mädels, ich hab die Frisur wegen **Brad Pitt** gemacht, aber das macht ja gar nichts. Ist schon okay. Vielen Dank! I love you auch.«

R.K.: »Und was gibt es noch zu erzählen?«

C.W.: (mit erhobenem Zeigefinger und Stimme eines Ansagers) »Meine Damen und Herren, schauen Sie sich das Video an!«

Und dazu bestand nun wirklich genug Gelegenheit, denn wir erinnern uns noch gut, daß man den Clip wirklich rauf und runter gespielt hat.

Videodreh in Los Angeles:
In Heaven

Wahrscheinlich kann sich jetzt schon jeder denken, wie es beim Interview zu diesem Videodreh zuging, und so war es auch, nein, eigentlich war es sogar noch etwas chaotischer als beim anderen, denn **Christian** übertraf sich selbst. Was sich da vor unseren Augen abspielte, war einfach unbeschreiblich.

»Hätten wir doch bloß unsere Videokamera mitgebracht«, sagte Reni irgendwann einmal, von Lachanfällen geschüttelt.

Keine Worte dieser Welt können auch nur annähernd beschreiben, wie **Christian** von diesem Dreh und über alles, was damit im Zusammenhang stand, berichtete. Dieser Mensch wird im Leben nicht arbeitslos werden, das steht fest, denn mit ein paar Sätzen, eigentlich schon mit seiner Mimik, kann er die Leute unterhalten. Und weil er so anschaulich erzählte, haben wir uns gedacht, wir bringen seinen Bericht unzensiert und unredigiert, halt live, so wie **Christian** und auch wir es am liebsten mögen:

»L.A, das war der absolute Knaller. Wir sind erst von Köln nach Frankfurt geflogen, und dieser Flug war für mein zartes Gemüt der absolute Horror. Man möchte sich das so vorstellen: wir haben hier ein Salatblatt (er legt Zeigefinger und Daumen aneinander und wedelt mit etwas Imaginärem vor unseren Gesichtern herum). Das kann ich ja so einfach auseinanderreißen, das ist ja kein Problem. Ich kann es aber auch zerschneiden und zer-

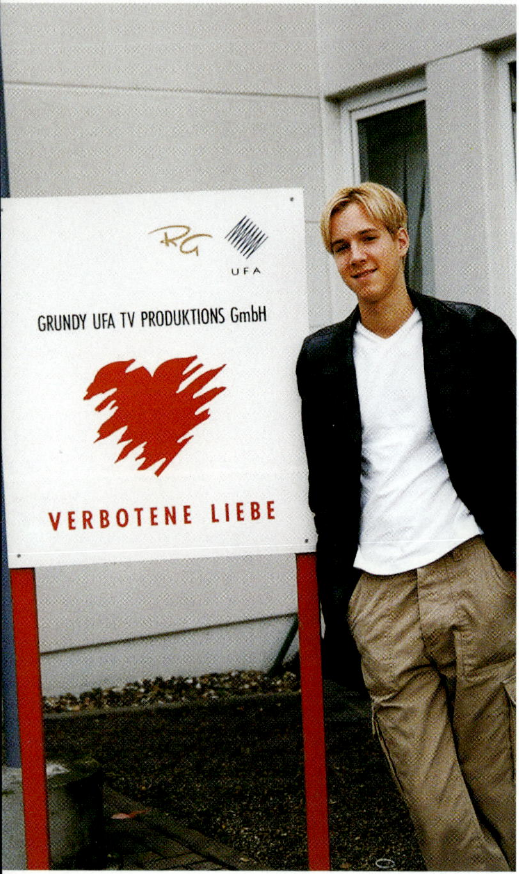
RG
UFA
GRUNDY UFA TV PRODUKTIONS GmbH
VERBOTENE LIEBE

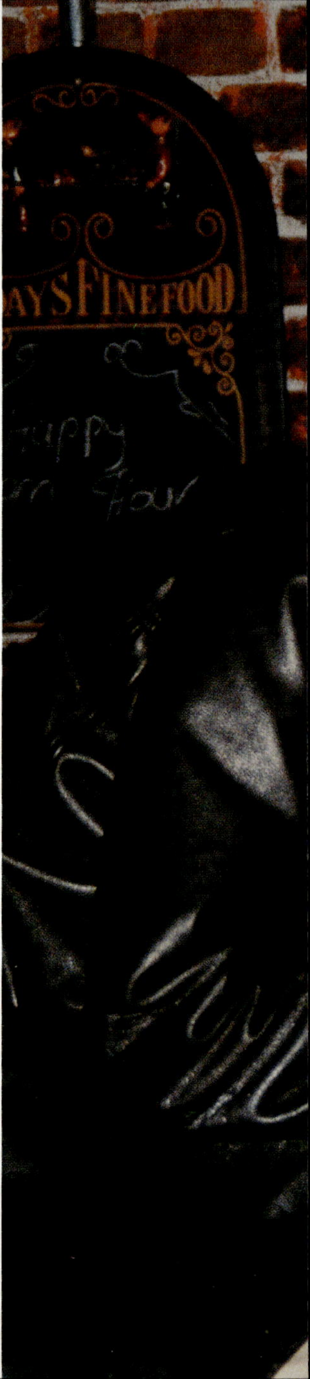

schnippeln, und ich kann darauf herumhacken, ne? (Jedes Wort wird durch die entsprechende Geste untermalt.) Nun, bei mir war es so. Es war der absolute Horror. Ich war da drin in dem Flieger, und es hat gewackelt ohne Ende. Wir haben noch nicht einmal was zu trinken bekommen. Es hat einfach zu sehr gewackelt. Dann kam dann auch noch diese Durchsage vom Pilot, und die hat mich auch nicht gerade munterer gemacht. (*Christian* imitiert den Pilot in einem nasalen Tonfall.) *Ja, tut mir leid. Wir haben etwas Schwierigkeiten hier vorne, und deswegen können wir jetzt nichts zu trinken ausschenken. Wir bitten um Ihr Verständnis.* (*Christian* spielt Tonstörung!!!)

Und dann, dann gab es plötzlich so einen Hupser (eigene C. W. – Wortschöpfung!!!), bei dem alle Leute im Flugzeug laut Huuuch machten. (Kunstpause, *Christian* schaut mit verklärtem Gesicht drein.) Ich lächelte, und in Gedanken hab' ich mich schon mal von allen Leuten verabschiedet, die mir so wichtig waren. Bin da mal mein Leben durchgegangen, es war ziemlich Scheiße. Ja, als ich dann wieder auf dem Boden der Tatsachen war, sprich, auf der Erde, war ich noch ganz und nicht zerschellt, und da hab ich gedacht: (Er springt auf, reißt die Arme in die Luft und strahlt wie ein ganzer Kronleuchter.) Hey, das Leben hat doch noch einen Sinn. Es gibt noch Gerechtigkeit. (Er plumpst zurück in seinen Sessel und schneidet eine mitleiderregende Grimasse.)

Ja, aber dann stand mir noch der Zehnstundenflug nach L. A. bevor. Hahaha! Ich also rein in die Maschine, zitternd am ganzen Leib. Jens hab' ich natürlich gesagt, ich zittere, weil ich einfach zu cool bin, und deswegen ist mir so kalt. Ich also in das Flugzeug rein. (Wieder folgt eine Kunstpause. Weg ist das mitleiderregende Gesicht. Jetzt schaut *Christian* richtig schadenfroh aus.)

Ich saß Gott sei Dank auf dem richtigen Platz. Jens'

Kopfhörer funktionierte nicht, und deswegen konnte er die ganzen zehn Stunden kein Radio hören. Hahaha! Er konnte auch keinen Film gucken. Mann, Klasse! (Als er unseren »bösen« Blick bemerkt, lenkt *Christian* schnell ein.)

Nee, Jens hat mir echt leid getan. Ich jedenfalls sitze neben Jens, immer mit folgenden Kommentaren: »Hör mal! Du, da läuft jetzt ein geiler Song. Du, wenn Du den jetzt hören könntest. O, Entschuldigung.« Oder ... sein absoluter Lieblingsfilm mit **Robert DeNiro** lief, und ich: ›Jens, da läuft gerade **Robert DeNiro**. Ich guck ihn für Dich mit.‹ (*Christian* schüttelt sich vor Lachen.)

Nach zehn Stunden war dieser Flug überstanden. Er war eigentlich besser als dieser Einstundenflug nach Frankfurt, muß ich sagen. So, dann sind wir also angekommen, und man will es nicht glauben, es war bewölkt in L.A., und ich war schon richtig enttäuscht.

Wir fuhren den Strand entlang, beach heißt das da, zu unserem Hotel hin, lag natürlich auch irgendwo an einem beach. Es war phantastisch. (*Christian* verdreht genüßlich die Augen.) Du hattest in einem Zimmer zwei Fernseher, drei Telefone, einen Kamin und einen Whirlpool. Alles drin, nur keinen Fön, diese F ... (Noch wollen wir erzieherisch wirken und schreiben das Wort nicht aus.) Nun ja, es war jedenfalls super. Man hatte eine Aussicht direkt aufs Meer, auf den Strand, das war sooo geil. Man konnte den Sonnenuntergang sehen und so, und dann, am nächsten Tag, da war das Wetter schon ganz anders. Blauer Himmel, 30 Grad, Sonne, Sonne, Sonne. Der absolute Hammer. (Christian holt tief Luft, aber da kommt ihm ein anderer Gedanke, und sein Gesicht verklärt sich wieder.)

Nein, Moment, ich muß euch noch vom Vorabend erzählen, wo ich die Traumfrau meines Lebens gesehen habe. Wir waren in der Bar. Jens, Walter, Walter Pütz, für

alle, die ihn nicht kennen, also Walter und ich. Da kommen plötzlich zwei Mädchen rein, die so irgendwelche Werbeartikel verteilt haben. Es war ein Knaller! Also, erst einmal war's nur eine, und die kam an unseren Tisch. Plötzlich stieß 'ne zweite dazu, und ich nur: He!!! Fuck you, warum war denn die eben noch nicht da, und die war echt der absolute Hammer. (Christian schluckt trocken, leckt sich die Lippen und seufzt zum Steinerweichen.)

Das war 'ne echte Traumfrau. Ich wußte nicht, daß ich eine Traumfrau habe, aber jetzt weiß ich es. Die hatte blondgelockte Haare, sie hatte (seine Stimme wird noch schmachtender) wunderschöne Haare. Und ein Gesicht! Ein Gesicht, zart wie ein Babypopo, nee, nicht Babypopo, die sind manchmal runzelig, aber ... (*Christian* stöhnt unterdrückt und schwärmt weiter.) Und die Augen! Ach Gott, die Augen, wie Sterne, wie Sterne, einfach unglaublich! Und ein Näschen, einfach süß, natürlich vom Schön-

heitschirurgen ein bißchen nachgeholfen, na klar. War 'ne 15jährige, die hat sich auf 24 gemacht, aber he, der Schönheitschirurg scheint ein Freund von ihr gewesen zu sein, denn der hat gute Arbeit geleistet. Dann der Mund! O Gott, goldig! Wenn die gelacht hat, ist die Sonne aufgegangen, obwohl es schon Nacht war. Süß die Kinnpartie, poetisch geschwungen. (*Christian* zeichnet in der Luft ein seltsames Gebilde nach.) Und dann dieser Schwanenhals, mein Gott, diese Tit ..., äh, Brüste! Der absolute Knaller. Fest, nicht zu groß und auch nicht zu klein. Nee, nee, nee. (*Christian* holt tief, tief Luft, scheint ganz in Erinnerungen zu schwelgen.) Und dann noch dieses Kleid, figurbetonend, und das war 'ne Hammerfigur. (Beifallheischend schaut er uns der Reihe nach an, und wir stehen kurz vor dem Platzen.)

Und diese Frau stand also neben mir, und ich konnte nicht mehr atmen, und ich hab echt ... Du, ich konnt'

nicht mehr. Ich hab' sie angeglotzt, hab' sie richtig ange-
starrt. Ich hab' sogar gesabbert. (Dies wäre dann fast das
Ende dieses Buches gewesen, denn auch wir konnten
nicht mehr und baten winselnd um Gnade, aber *Christian* war gnadenlos und plauderte munter weiter.) Das
war echt der Hammer, und Jens und Walter schauten
mich an und fragten mich: ›Was ist denn los?‹ Und ich
sagte: ›Nun, das Essen hier ist so herrlich gut.‹

(Diese Stimme!!! Wir schauen ihn gar nicht mehr an.)

Und dann diese Frau, das war echt der Hammer. Ich
hab' sie nicht angesprochen. Ich hab' eh kein Wort verstanden, was sie da alles gelabert hat. Als ich dann gegangen bin, hab' ich sie angelächelt, und da hat sie mich
auch angelächelt. (Wir riskieren einen Blick und bereuen
es sofort, denn *Christians* Gesicht ist total in Ekstase,
wird, als er unsere Blicke bemerkt, aber sofort spitzbü-
bisch.) Sie hat jeden angelächelt, weil sie ihre Werbeartikel los werden wollte. Scheiße!

(*Christian* setzt ein Profigesicht auf, schlägt die
Beine übereinander und lehnt sich mit wippendem Fuß
in seinem Sessel zurück.)

Jedenfalls sind wir am nächsten Tag da zu diesem Videodreh gefahren. Das war dann so gegen halb fünf Uhr
morgens oder so was. Wir hatten dann direkt so eine
erste Szene mit meiner Filmpartnerin, die 'ne Mischung
war aus **Vanessa Williams** und **Toni Braxton**. Ja, wir
hatten da so einen Dreh auf einem Hausdach, ganz ro-
mantisch, und die Sonne ging auf, und wir hatten Wein
mit und Käse, also richtig schön. Dann haben wir auch
noch getanzt, also alles richtig schön romantische Sachen. (*Christian* verzichtet ausnahmsweise auf jede
Grimasse! Danke!!!)

Im Gegenzug dazu hatten wir auch ganz brutale Gang-
Szenen. Es ist ja so eine Art **West Side Story**. So ein
bißchen **Romeo und Julia** und **West Side Story**. Ich

101

erzähle mal ganz kurz für Leute, die die **West Side Story** nicht kennen. In diesem Videodreh gibt es also zwei Gangs. In einer davon bin ich. (Er macht ein total grimmiges Gesicht und schaut finster in die Runde.) Ich hab mich in die Schwester von einem aus der anderen Gang verliebt. Das war natürlich eine Art (wieder dieses unbeschreibliche Grinsen und Augenzwinkern!) verbotene Liebe. Und dann haben wir uns halt immer getroffen, aber es gab auch Szenen, in denen wir uns geprügelt haben. Nicht ich mit der Frau natürlich, sondern mit der Gang. Das war einfach schön und hat Spaß gemacht. Wir hatten noch verschiedene Drehs, einen in einem Cadillac, das war supergeil. Die Schwarzen waren so richtig schwarz. Und dann kamen sie an und wollten wissen, was fuck you auf deutsch heißt, und ich sag: ›Fick dich.‹ Und sie sagen: ›Fick dis, fick dis.‹ (**Christian** kichert los, wird dann aber doch wieder ernst.)

Dann hatten wir auch eine Szene im Regen. Nicht richtig, sondern mit 'ner Regenmaschine, die aufgebaut wurde, so ein Riesenkran, und wir standen da mit zwanzig Mann, und plötzlich kommt da so ein Stimmchen: ›He, fick dis, Seisse!‹ He, uhhh, das war der absolute Knaller. (Es dauert endlos, bis er sich wieder gefangen hat.)

Ach ja, das Team. (*Christian* bemüht sich, wieder ernst zu reden, aber das gelingt erst im zweiten oder gar dritten Anlauf.) Das war echt allererste Sahne. So was hab' ich wirklich noch nie erlebt. Der Kameramann z.B. war Kameraassistent bei **Titanic,** der Requisiteur, der war zehn Monate bei **Waterworld,** dann noch verschiedene Leute, die haben schon bei Videos von **Madonna, Boyz II Men, Toni Braxton** und so mitgemacht, also absolute Oberliga, und das hat man auch gesehen, da lief alles professionell. Selbst die Komparsen, die haben Sachen gemacht, da kann man hier nur von träumen. Echt, das war der absolute Hammer. (Beinahe so, als wäre er nun zu lange ernst geblieben, fängt *Christian* wieder zu blödeln an.)

Dann das Catering, das ist was zu essen, das Essen am Set also. Es wurde immer aufgefüllt, supergut. Nur … ich werde mich an das Frühstück bei denen da nie gewöhnen, diese heißen ekligen, komischen Sachen, zusammengepantscht aus Käse und Schinken und was weiß ich für 'nen Shit. (*Christian* schüttelt sich übertrieben und zieht die Nase kraus.) Aber auch schlechte Erfahrungen sind gute Erfahrungen. Bei diesem Dreh waren gute Sachen dabei. Im Regen und so, richtig gut. Die Scheißregenmaschine. Es war abends und richtig kalt, denn abends war es sogar ganz richtig kalt und ich in meinen nassen Klamotten. Ich hasse ja nichts so sehr außer Fliegen wie nasse Klamotten an meinem Körper. (Christian lächelt verführerisch und wiederholt:) An meinem Körper, nasse Klamotten an meinem Körper. Ich meine, es kann auch erotisch aussehen, kann aber auch lächerlich aussehen, aber es fühlt sich so scheiße an, wenn es dann auch noch saukalt ist. Und alle um mich herum. (Mitleiderregendes Gesicht, leicht schniefend.) ›Es macht doch Spaß, ja? Machen wir doch noch eine.‹ – ›Ja‹, hab ich gesagt, ›machen wir noch eine, joh!‹ (*Christian* fröstelt, aber dann erhellt sich sein Gesicht.)

Wir haben auch Schlachtszenen gemacht, äh, Kampfszenen, meine ich, und die Tanzszene mit der Kleinen. Hach ja! (Seufz, seufz, schnief, schnief.)

Jetzt komm ich aber, weil ich gerade so daran denke, mal zur Maxi-CD von *In Heaven*, die kommt ja jetzt raus. Da wird so eine Spezialversion drauf sein. Das ist ein Dankeschön für meine Fans, das ist eine Live-Version, speziell für die Fans und als Danke für den Erfolg meiner ersten CD. Diese Live-Version ist eine pure Live-

Version, nur mit Klavier und meiner Stimme. (Diesmal unterbrechen wir und fangen an von dieser Live-Version zu schwärmen.)

Diese Version wurde gemacht, damit man auch hört, jaaa, der Junge singt wirklich, der kann echt singen. Da haben sie nichts mit Computer nachgebessert, sondern … nein! Wir haben gleichzeitig gesungen und Klavier gespielt. Ich wünschte, ich hätte es gespielt. Ich kann's leider nicht. Ich hab's mir mal ein bißchen selbst beigebracht, aber das blieb beim **Flohwalzer** und bei **Alle meine Entchen**, und das wollte ich jetzt nicht covern. Und ja, das ist also mein ganz spezielles Dankeschön an meine Fans. ›Ihr habt quasi meine Debutsingle zur erfolgreichsten Debutsingle eines deutschen Soapdarstellers gemacht, die erfolgreichste, die es je gab. Danke schön. I love you all.‹ (*Christian* applaudiert und strahlt wie bei der Oscar-Verleihung.)

Zurück zum Videodreh. Wir sind dort am Donnerstag hin und am Sonntag wieder zurück. Und ich hatte einen Riesen-Jetlag. (So wie *Christian* das Wort ausspricht, hätte es mindestens zehn a haben müssen.) Wir sind also um zwölf Uhr mittags da los zum Flughafen. Unser Flug sollte um 14.30 Uhr gehen, schön, daß er dann um 15.45 Uhr gegangen ist. Das war wieder so ein Horrorflug, der Wind und so. Ich hätte fast gekotzt, aber dann hätte ich fast noch mehr gekotzt, denn vor mir saßen so drei Asideutsche und haben vom **Kiss**-Konzert geschwärmt. He, das war echt der Horror. *(Christian* schüttelt sich so angewidert, daß der Sessel wackelt.)

Und dann der zweite Flug von Chicago nach Düsseldorf, das war dann der absolute Hammer. Da hatte jeder vor seinem Sitz so einen kleinen Monitor. Man konnte sich aussuchen, was man sehen wollte, so Videos oder Musik, oder auch die Landkarte konnte man sich ansehen. Dachten wir jedenfalls. Wir dachten auch, man

kann gut essen und so, und dann geht die Zeit schnell um. Na ja, sie hatten supergeile Filme da. Wir haben uns die Filmauswahl mal angesehen, **X-Files, Zorro** und so. Leider konnte man die nur auf englisch oder auf türkisch sehen. Irgendwie war da was falsch. Wir haben sie uns dann natürlich auf englisch angesehen. Der erste Film fing leider erst drei Stunden nach dem Start an, und da war mir schon kotzschlecht. Das war dann **Zorro**. Ich dachte, da braucht man nur die Bilder zu sehen, und man rafft dann alles. Dachte ich jedenfalls. Ich hab' nichts verstanden, nur, daß da so ein Bekloppter aus dem Irrenhaus raus entflohen ist, so einer mit 'ner Maske vorm Gesicht. Ich dachte dann, drückst du mal aufs Radio. Da kam aber nichts. Ich dachte, drückst du noch einmal. Ich hab fast den Knopf eingedrückt. Es kam nichts. Das ging nur für die erste Klasse. Drück ich also auf die Landkarte und denke, schaust du mal nach, wo Ihr inzwischen schon seid, doch da kam auch nichts. Na, wenigstens hast du noch die Filme, dachte ich. Ich schalte auf den Videokanal um, da ist der Film zu Ende. So, nichts läuft also. Und dann gab es was zu essen. Man konnte wählen zwischen Pasta und so Gebrezzeltem. (Was zur Hölle ist das? Geschnetzeltes? Bloß nicht nachfragen und ihn aus dem Konzept bringen!) He, geil! Pasta! dachte ich. Ich saß natürlich weit hinten, so daß die Pasta alle war. Du, es hat einfach alles gestimmt! Der Hammerflug! Da hab' ich mir halt das Gebrezzelte reingezogen, und danach hab' ich mich dann auch gebrezzelt gefühlt. So ein Flugzeugessen ist ja wie Krankenhausessen. War eine echt gute Erfahrung. (*Christian* reckt und streckt sich, wie er es wohl vor wenigen Tagen im Flugzeug gemacht hat.)

Irgendwann mal waren wir dann wieder auf dem Boden und sind auch abgeholt worden, und danach mußte ich ... (*Christian* verzieht das Gesicht und schüttelt den Kopf.) Also, wenn ich die Zeitverschiebung bedenke, war

ich so 24 Stunden unterwegs. In Deutschland war es so 12.00 Uhr mittags, und dann mußte ich noch zu **GRUNDY** drehen, also proben, denn es war Montag, und ich fühlte mich so richtig scheiße. Abends bin ich nach Hause, habe Fanpost gelesen, Musik gehört und bin dann schlafen gegangen. Am nächsten Morgen mußte ich schon um 8.00 Uhr wieder raus.«

»Das war aber ein echt ausführlicher Bericht. Kurz und präzise. Man sieht den Clip förmlich vor sich«, lästere ich und kann ein Lachen fast nicht unterdrücken. Reni, der es wie mir geht, wage ich erst gar nicht anzuschauen. Bloß keine Lachsalven mehr! Mir tut alles weh, aber *Christian* will uns noch unbedingt etwas über seine Fans berichten. Okay, gern, aber zuerst eine kleine Pause. Und die legen wir auch ein und hören ... Na? was schon?

Fans, Fans, Fans ...

Christian ist ganz vernarrt in seine Fans und deren Post, mit der er tagtäglich regelrecht überschüttet wird... Bei unserem letzten Besuch zeigte er uns eine Zeichnung, die ein Fan von ihm angefertigt hat. Sie ist wirklich sehr, sehr gut gelungen, und *Christian* ist auch ganz stolz darauf. Da wir auch Fan-Fans (Kieffer'sche Wortschöpfung) sind, bleibt es natürlich nicht aus, daß wir uns gegenseitig von unseren Erfahrungen berichten.

R.K.: »Wie war das denn bei dir? Seit wann kriegst du eigentlich Fanpost?«

C.W.: »Früher, vor der Musikgeschichte, bekam ich so etwa 30 oder 40 Briefe pro Woche. Seit *That's my way to say goodbye* sind es so um die 1000 Briefe pro Woche geworden.«

R.K.: »Und was schreiben die Fans dir denn so?«

C.W.: (mit Grinsgesicht) »Früher, als ich noch unschuldig war, bekam ich auch recht unschuldige Briefe, aber das änderte sich dann nach dem Bericht in der *BRAVO* über mich und meine Exfreundin. Da ging es so richtig los. Da hieß es auf einmal, ich liebe dich, du bist so süß, kann ich deine Privatadresse haben, ich möchte mit dir schlafen. Es ist unglaublich, was da so alles kommt. Manchmal fehlen mir echt die Worte.«

R.K.: »Das halte ich für ein Gerücht. Dir fehlen doch nie die Worte.«

C.W.: »Doch, doch, ehrlich. Das ist manchmal wirklich so. Ich kriege sogar Nacktfotos von 15jährigen Mädchen. Und es ist auch schon passiert, daß sich eine wegen mir die Pulsadern aufschneiden wollte.«

R.K.: »Das glaub ich dir unbesehen. Darüber könnten wir auch Bücher schreiben. Bei unseren Boygroups war und ist so etwas an der Tagesordnung, und wir haben oft Tag und Nacht gesessen und derartige Briefe beantwortet. Übrigens, antwortest du auf die Briefe?«

C. W.: »Inzwischen wird es etwas schwierig. Ich freue mich über jeden Brief, und ich lese sie auch wirklich alle. Solche, denen ein frankierter und adressierter Rückumschlag beigefügt ist, beantworte ich auch. Natürlich kann ich unmöglich ellenlange Briefe schreiben, aber ich mach es, so gut es geht.«

R.K.: »Wir haben ja eben diese wunderschöne Zeichnung von Dir gesehen, dann die vielen Kuscheltiere … Was schreiben dir die Fans denn sonst noch?«

C.W.: »Das ist ganz verschieden. Eben halt Liebesbriefe, aber es kommen auch oft Vergleiche. Dann heißt es: ›Du gleichst **Brad Pitt** oder **Leonardo DiCaprio**.‹ Ich meine, ich hab' nichts dagegen, und die beiden gefallen mir auch ganz gut. Ich werde auch noch kantiger, und der Bartwuchs wird wohl auch noch mehr werden …«

R.K.: »Bitte, nicht! Noch mehr Lachen verträgt mein Magen nicht! Bleib bitte ernst!«

C.W.: »Okay, dann zurück zu den Fans. Die sind mir wirklich sehr wichtig. Neulich wurde ich mal gefragt, ob man denn nicht meine Unterschrift auf die Autogrammkarten drucken soll, aber das wollte ich nicht. Ich verdanke den Fans einfach alles, und da will ich meine Autogrammkarten auch original unterschreiben. Überhaupt sind mir die Fans tierisch wichtig.«

R.K.: »Willkommen im Club! Ohne Fans gibt es keine Stars, das kann man nicht oft genug betonen. Kürzlich waren wir mit Rüdiger und **give 1's** bei **Sonja** in der Talkshow. Da ging es auch um die Fans.«

C.W.: »Ja, und deshalb kann ich mich auch immer

schrecklich ärgern, wenn Künstler ihre Fans, denen sie alles verdanken, wie den letzten Dreck, wie Scheiße behandeln. Ich finde es sehr schön, wie sie sich für mich einsetzen, was sie alles tun.«

R.K.: »Bekommst du viele Anrufe?«

C.W.: »Ja, und das ist dann etwas schwierig. Ich meine, ich bin ja meistens gar nicht hier, und dann muß meine Familie ran. Und selbst wenn ich hier bin, kann ich nicht stundenlang reden. Ich wünschte, ich könnte es, aber wenn es viele sind …«

R.K.: »Bei uns ist es auch so. Wir reden oft stundenlang mit den Fans, und am Ende ist die Zeit weg, und wir opfern wieder die Nacht, um alles zu erledigen.«

C.W.: »Ich finde es immer wieder super, was sich diese Leute so alles einfallen lassen.«

R.K.: »Da fällt mir noch ein, hattest du schon mal ein besonders peinliches Erlebnis mit Fans oder auf der Bühne?«

C.W.: »Nein, eigentlich nicht. Mein bisher peinlichstes Erlebnis hatte nichts mit Fans zu tun. He, da seid ihr doch auch dabeigewesen. Das war neulich in Aachen, als das Band zu früh abgespielt wurde. Nein, es wurde angespielt und dann noch einmal gestartet. Das fand ich nicht so toll.«

R.K.: »Gab es denn auch schon ein schönstes Erlebnis?«

C.W.: »Ja, auch auf der Bühne. Bei meinem zweiten Auftritt bei **Top of the Pops**. Da, als ich mit der Live-Band auftrat. Das war so geil. Die Fans fingen zu kreischen an, und dann sangen sie auch mit. Das ist echt ein ganz tolles Erlebnis, wenn du da oben auf der Bühne stehst, und die Fans singen deinen Song mit.«

R.K.: »So langsam sollten wir mal zum Ende kommen, sonst wird dieses Buch nämlich nie gedruckt. Gibt es noch etwas, das du gern sagen würdest?«

C.W.: »Und ob! Ich hab's zwar schon mal gesagt, aber ich möchte es noch einmal wiederholen. Ich liebe meine Fans. Hi, Ihr, die Ihr das jetzt lest. Ich liebe Euch alle.«

Und dem ist, so glauben wir, nichts mehr hinzuzufügen.

Epilog

Schon gleich zu Beginn unserer Zusammenarbeit haben wir Christian »angedroht«, daß er alles vor Manuskriptabgabe lesen und absegnen darf, außer den Epilog. Für gewöhnlich richten sich unsere »letzten« Worte an Euch, die Leser. Manchmal erfahrt Ihr noch die allerletzten News, aber diesmal haben wir alles oder zumindest das Wichtigste, was es bisher über Christian zu sagen gibt, schon geschrieben.

In den Büchern, die wir über Rüdigers Gruppen veröffentlicht haben, richtete sich der Epilog immer an die, um die es im Buch geht, und so wollen wir es auch heute halten, denn schließlich haben wir Christian nur durch Rüdiger kennengelernt.

Als wir uns damals in Köln zum ersten Mal trafen, lieber Christian, warst Du uns ehrlich gesagt ziemlich gleichgültig. Wir hielten Dich für einen zwar lustigen, aber doch etwas oberflächlichen Jungdarsteller, der halt in einer der vielen Soaps mitspielt. Was uns gefiel, war Dein Witz und Dein loses Mundwerk. Um ehrlich zu sein, wir haben Dich dann auch ziemlich bald wieder vergessen.

Als wir uns auf der **BRAVO Super Show** erneut trafen, warst Du lieb und freundlich, wir aber ziemlich genervt. Und doch ... Irgend etwas war da. Wir haben ja schon darüber gesprochen, und Du hast das damals ähnlich empfunden. Und dann kam Dein Anruf, der eigentlich Rüdiger galt, aber das Schicksal wollte es wohl so, daß er nicht im Office war und ich den Hörer abnahm. Ich schwöre es Dir, hättest Du nicht Wort gehalten und Dich tatsächlich zum vereinbarten Termin bei uns gemeldet, Du hättest nie wieder etwas von uns gehört. Nach dem Telefonat haben wir uns noch mit Rüdiger über Dich unterhalten. Er hat sehr, sehr lieb über Dich gesprochen, und obwohl wir ihm eigentlich blind vertrauen und jedes Wort glauben, weil er uns noch nie belogen hat, blieben wir in bezug auf Dich etwas skeptisch, quasi hin- und hergerissen.

Aber dann kam unser Date in unserem Lieblingshotel in Köln. Weißt Du noch? Wir sehen Dich heute noch, wie Du damals auf uns zukamst. Du hattest eine neue Frisur, aber die war es nicht, die uns plötzlich für Dich einnahm. Es war Deine Art, Deine Herzlichkeit, Dein liebes, manchmal sogar noch etwas schüchternes Lächeln, aber vor allem der Ernst und die für Dein Alter große Reife, die uns magisch anzog. Nichts gegen fun, wir lachen selbst sehr gern und sind stets zu allem Unsinn bereit, aber an dem Tag hast Du uns bewiesen, was wirklich in Dir steckt. Und seither ... Nach all den Erfahrungen, die wir in den letzten Jahren gemacht haben, können wir uns – so denken wir jedenfalls – ein Urteil erlauben.

Du bist nicht nur ein großartiger Schauspieler, ein wunderbarer Sänger mit einer umwerfend schönen Stimme, sondern auch ein einfühlsamer Dichter, der es schlußendlich doch geschafft hat, uns zu Tränen zu rühren. Aber all das ist eigentlich nebensächlich, denn viel, viel wichtiger ist, daß Du ein wertvoller junger Mensch bist, der uns viel, sehr viel sogar bedeutet.

Was unsere Zusammenarbeit angeht, so können wir Dir nur bestätigen, daß es uns manchmal richtig unheimlich war, wie unkompliziert und glatt es zwischen uns lief. Und damit meine ich nicht nur Dich selbst, sondern auch jene Leute, die zu Dir gehören, Deine Familie, die Leute bei **GRUNDY UFA**, bei **Chlodwig Musik**. Alles in allem war es ein Vergnügen, dieses Buch zu schreiben, trotz der vielen Nächte, die es uns gekostet hat.

Es ist rührend, wie oft Du Dich bei uns meldest, und wir können Dir versichern, wir genießen jedes einzelne Gespräch mit Dir, egal, zu welcher Zeit Du anrufst oder wann wir uns treffen.

Was uns tief beeindruckt hat, ist Deine schon beinahe rührende Vorfreude auf dieses Buch. Ein Buch ist und bleibt ein kleines Stück Ewigkeit. Worte sind die vielleicht stärkste Waffe dieser Welt. Sie können tödlich verletzen, aber sie können die Menschen auch sehr glücklich machen. Jedes einzelne Wort in unseren Büchern ist ehrlich und kommt von Herzen, so auch die in Deinem Buch. Wir wünschen Dir, daß Du Deine Träume, die auch unsere sind, verwirklichen kannst und versprechen Dir, Dich immer dabei zu unterstützen, denn durch dieses Buch bist Du auch ein Teil von uns geworden. Für die Welt da draußen bist Du das Multitalent auf Erfolgskurs, aber für uns wirst Du auch immer der liebenswerte Christian Wunderlich bleiben, den wir – einmal entdeckt – ganz gewiß nicht mehr hergeben.

Diskografie

10. August 1998:
Debut-Single »That's My
Way To Say Goodbye«

23. November 1998:
2. Single
»In Heaven«

Veröffentlichung des Albums: März 1999

Adressen

Christian Wunderlich ist zu erreichen über:

Christian Wunderlich Fanclub
Sandra Mikesch
Postfach 1135
48346 Ostbevern

Bei Anfragen und Autogrammwünschen:
– aus Deutschland bitte einen an sich adressierten und frankierten Rückumschlag beilegen.
– aus dem Ausland bitte einen an sich adressierten Rückumschlag und einen Internationalen Antwortschein beifügen.

Die beiden Autorinnen sind zu erreichen unter:

Rosi und Reni Kieffer
Hochhausring 7
52076 Aachen

Bei Anfragen
– aus Deutschland bitte einen an sich adressierten und frankierten Rückumschlag beilegen.

– aus dem Ausland bitte einen an sich adressierten Rückumschlag und einen Internationalen Antwortschein beifügen.

Thanks

Rosi und Reni Thanks:

Walter (hast recht mit denen vom Tivoli, es lebe der 1. FC Köln), Maja, (bin Dir auf ewig und 3 Tage dankbar), Nina und alle von Chlodwig Musik Köln: mit Euch zu arbeiten war ein echtes Vergnügen!!! – Tina van den Berg vom Pressebüro ARD: ganz lieben Dank für die Unterstützung!!! – Petra Ehlers: Du bist ein ganz großer Schatz! Mit Dir sind wir zu jeder Schandtat bereit! We luv Hamburg! – Jens Rodenberg: (bist ein großer Schatz und immer zuverlässig!) danke für alles, was Du für uns getan hast (hey, der Rallye-Flitzer fährt wirklich nur 140 km/h)

Special Rosi Thanks:

Christian: Du einzig wahrer Brad, wie ist das mit dem Schicksal? Du bist unser 13. Buch, und was das bedeutet, weißt Du! We don't say goodbye! Besonders lieben Dank fürs Aufmuntern. Selbst in Sturm- und Streßzeiten hast Du es geschafft, mich jedesmal zum Lachen zu bringen. Eines Tages, mein lieber Freund ...– Rüdiger: my beloved highlander, without you ... I love you so much, today a little bit less than tomorrow, but a little bit more than yesterday! Nothing can ever part us! There are so many stars above ... Wifsa, and never forget the eternity! – Reni: no need to say anything, you're always with me. I love you more than I can say! – give 1's: without you this book wouldn't exist, may all your (our) dreams come true! – René: always there when I need you, you're friendship is something special.

Special Reni Thanks:

Christian: danke, daß ich Dich kennenlernen durfte, wie Du wirklich bist, dafür daß Du ein lieber Schatz bist, dafür daß ich angefangen habe, mir »Verbotene Liebe« anzusehen, für die lustigen, schönen, aber auch ernsten Stunden mit Dir und für die tollen Fotosessions, bei denen es immer was zu lachen gab, nicht wahr? Bleib bitte so, wie Du bist. Und vergiß nicht, wir haben noch viel vor … (laß uns weiter im Stau fahren!) – Rüdiger: ohne Dich würde ich Christian nicht einmal kennen, ich schätze, da muß ich Dir ewig dankbar sein. Danke, daß Du mir der beste Freund+Papi der Welt bist … Ich liebe Dich über alles, weil Du mein Engel auf Erden bist … WIFSA – Mummy: Du bist die beste Freundin des Universums … was wäre ich ohne Dich??? – den besten Schweizern, die es auf der ganzen Welt gibt: I love and miss you all so much … Massi: thx for being on earth … Michi und Chris: my brothers … Mike: you're great, guy … and René: weil Du der beste Starfighter und ein Riesenfreund bist – Petra: bist die beste Schwester der Welt … far away but always there for me – Valérie, Renske, Marcel, Kerstin: the last normal persons on earth – Tiger and Bonnie: for the true love you always give to me

Christian Thanks:

Mama: Du bist und bleibst der wichtigste Mensch in meinem Leben. Ich kann Dir gar nicht genug dafür danken, was Du alles für mich getan hast. – Alexandra: Rache ist süß! Wart's ab, wo Du die nächste Rolle Klopapier findest … he, he, he! – Stefanie: Du hast einfach den besten Geschmack, was Klamotten angeht. Die nächste Shopping-Tour steht schon bevor … – Jens: Ohne Dich würde ich heute wahrscheinlich noch immer in der Karaoke-Bar hocken und Rex Gildo-Lieder singen. (Hossa, Hossa!) –

<u>Walter:</u> Auch wenn Du nicht der Präsident des 1. FC Köln wirst: Du bist der coolste »Samariter der rheinischen Popkultur« (Zitat »Spiegel«) der Welt! – <u>Maja:</u> Danke, daß Du es aushältst, beim Fliegen neben mir zu sitzen. Ich weiß, es kann zur Tortur werden ... – <u>Karl-Heinz:</u> Wir sehen uns zwar sehr selten, aber wenn wir uns treffen, ist es jedesmal wieder eine Freude! – <u>Jürgen:</u> Wenn wir bei einem Auftritt sind und es anfängt zu brennen und alle Musiker rausrennen, dann bleiben wir noch da, bis wir den letzten Ton von »In Heaven« vorgetragen haben. Alles andere wäre für uns Bockmist oder, wie Du es sagen würdest: Ungeil! – <u>Reinhard:</u> Ich liebe die kleinen Tricksereien, die Du in unsere Songs einbaust. Du bist unverzichtbar! Mit Jürgen und Dir werde ich bestimmt ein wunderschönes Album hinbekommen ... Ich freue mich drauf! – <u>Axel:</u> Montag morgens, Fotoshooting, irgendwo draußen. Es ist saukalt, es regnet, meine Nase wird rot, und ich denke mir: »Warum sagt der Typ das Shooting nicht ab? Ich sehe doch total scheiße aus!« Und 4 Tage später habe ich die schönsten Fotos vor mir liegen! Du bist ein Zauberer! Du bist ein Künstler! – <u>Yvonne:</u> Ich würde nie die Aktion für meinen 1. BRAVO-Titel vergessen! Das war der Wahnsinn! Du bist echt die einfühlsamste und menschlichste Redakteurin, die ich je getroffen habe! (Aber die BRAVO-Redaktion hast Du mir immer noch nicht gezeigt!!!) – <u>Tobias:</u> Tut mir leid, aber gegen den »Mario-Kart« – Superstarfahrer kommst Du einfach nicht an! – <u>Robert:</u> Ganz klar: Du bist die deutsche Antwort auf Eric Clapton (oder vielleicht doch eher Bob Marley???) – <u>Janis:</u> Wir hatten eine wirklich tolle Zeit! – <u>Mein Gehirn:</u> Vielen Dank für die ganzen Einfälle, z.B. »In Heaven«! Bleib dran! – <u>Ercin:</u> Das Video von »That's my way to say goodbye« ist einfach geil! Aber das von »In Heaven« ist einfach genial! – <u>Rosi:</u> »Fang das Licht!« Na ja, wenn Du es nicht fängst ... auch nicht so schlimm! Ich

werde Dich trotzdem auch weiterhin am Telefon vollsingen! – <u>Reni</u>: Millionen von Mädchen beneiden Dich, weil Du Bands wie »Take That« oder den »Backstreet Boys« näher warst, als die meisten andern. Bald bist Du der Star! – <u>Tina</u>: Was wäre ich ohne Dich??? Und vor allem: Was soll ich nach »VL« bloß ohne Dich tun??? – <u>Gerald Büchelmaier</u>: Danke für die tolle Unterstützung! – <u>BRAVO</u>: Wenn es Dich nicht gäbe ... – <u>VIVA</u>: Viva forever! Ihr seid äächt der beste deutsche Musiksender, den ich kenne!!! (Ähm ... ???) – <u>Papa</u>: Du bist meine Inspiration! In meinem Herzen lebst Du für immer weiter! Ich werde Dich nie vergessen! Ich vermisse Dich! Endlos fröhlich werde ich nie wieder sein können. Durch Dich habe ich gelernt, daß ein großer Erfolg im Beruf nicht halb so glücklich macht, wie ein kleiner Erfolg im Leben! Ich liebe Dich! – <u>Meinen Fans</u>: Ich bin Euch unendlich dankbar! Ich hoffe, ich kann Euch mit meiner Kunst ein wenig Freude bringen. Ich kann Euch nicht versprechen, daß Euch ALLES, was ich mache, gefallen wird, aber was ich Euch versprechen kann, ist, daß ich meinen Namen nie dazu benutzen werde, Euch irgendwelchen Schund unterzujubeln, sondern stets darum bemüht sein werde, mit meinen Songs Euer Leben ein kleines Stückchen zu bereichern. Love. Christian.

Promi Thanks:
<u>Stevie Wonder</u>: Du bist mein Meister! Du bist der genialste Songwriter aller Zeiten, und ich würde alles dafür tun, Dich einmal treffen zu dürfen. – <u>Luther Vandross</u>: Dein Album »Songs« ist das schönste Album aller Zeiten und das einzige, das mich je von Anfang bis zum Ende zum Weinen gebracht hat. – <u>Ethan Hawke</u>: Ich liebe Deine Art zu spielen und zu leben. Das Gedichte schreiben haben wir gemeinsam, nur mit Deinem Roman »Hin und Weg« (Ich bin wirklich hin und weg) bist Du mir vor-

aus, aber nicht mehr lange … Deine Filme sind für mich das größte, was je auf Zelluloid gebannt wurde, allen voran natürlich »Der Club der toten Dichter«, »Before Sunrise« und »Große Erwartungen«. – <u>Robert de Niro:</u> Der größte Schauspieler dieser Zeit. »Taxi Driver« ist ein Klassiker. »Die durch die Hölle gehen« gänsehautmäßig. »Zeit des Erwachens« zum Heulen und »Kap der Angst« Thriller pur! Mehr davon!!! – <u>Take That:</u> Die ungeschlagene Boygroup! (Wenn man die Beatles nicht dazuzählt!) – <u>Liv Tyler:</u> Die wahrscheinlich schönste Frau der Welt … – <u>Brad Pitt:</u> Der wahrscheinlich schönste Mann der Welt …